C.H.BECK WISSEN

in der Beck'schen Reihe

Manfred Krebernik bietet in diesem Band einen konzisen Überblick über die altorientalische Götterwelt und über die Mythen, die sich die Bevölkerung in Mesopotamien von ihren Gottheiten erzählte. Er skizziert den Kulturraum, in dem Göttervorstellungen und Mythen entstanden sind, und erläutert die Quellen, aus denen wir von ihnen hören. Dann stellt er die Göttinnen und Götter vor, beschreibt ihre Aufgabenbereiche, skizziert Formen der Verehrung, Kulte und Kulthandlungen, Rituale und Gebete, magische Praktiken sowie Grundzüge der Weissagungstechnik.

Manfred Krebernik lehrt als Professor für Altorientalistik an der Friedrich-Schiller-Universität Jena und leitet dort die Hilprecht-Sammlung Vorderasiatischer Altertümer.

Manfred Krebernik

GÖTTER UND MYTHEN DES ALTEN ORIENTS

Verlag C.H.Beck

Mit 4 Abbildungen und 2 Karten

Bildzitatnachweis
Abb. 1: Aus L. W. King, Babylonian Boundary Stones, London 1912 (The British Museum), Tafel 1 | **Abb. 2:** Aus A. Parrot, Sumer, München 1960, S. 72, Abb. 89. | **Abb. 3:** Aus B. Hrouda (Hg.), Der alte Orient, Gütersloh 1991, S. 222 | **Abb. 4:** Aus P. O. Harper u. a. (Hgg.), The Royal City of Susa, New York 1992 (The Metropolitan Museum), S. 138, Abb. 87. | **Karten** auf den Umschlaginnenseiten: Peter Palm, Berlin

Ein Register und eine ausführliche Bibliographie
zu diesem Buch finden Sie im Internet unter
www.chbeck.de/go/Krebernik-Götter-und-Mythen

Originalausgabe

Satz, Druck u. Bindung: Druckerei C.H.Beck, Nördlingen
Umschlagentwurf: Uwe Göbel, München
Umschlagabbildung: Sphinx, nordsyrisch, Elfenbein (Arslan-Tash)
um 900, Aleppo, Nationalmuseum, © akg-images/Erich Lessing
Printed in Germany
ISBN 978 3 406 60522 2

www.beck.de

Inhalt

Hinweise zum Gebrauch

Abkürzungen

Geschichtliche Perioden

Bei Datierungen ohne den Zusatz «n. Chr.» ist immer «v. Chr.» zu ergänzen. Da sich viele Objekte, Personen, Regierungszeiten oder Ereignisse nur ungenau datieren lassen, werden oft Periodenbezeichnungen benutzt, die wie folgt abgekürzt sind:

altbab.	altbabylonisch (ca. 2000 – 1500)
mittelbab.	mittelbabylonisch (ca. 1500 – 1000)
neuassyr.	neuassyrisch (ca. 1000 – 600)
neubab.	neubabylonisch (ca. 1000 – 500)
spätbab.	spätbabylonisch (ca. 500 – 1. Jh. n. Chr.)

Sprachen

akk.	akkadisch (babylonisch-assyrisch)
arab.	arabisch
aram.	aramäisch
dt.	deutsch
engl.	englisch
hatt.	hattisch
hebr.	hebräisch
heth.	hethitisch
hurr.	hurritisch
griech.	griechisch
lat.	lateinisch
sum.	sumerisch
ugar.	ugaritisch

Sonstiges

GN	Göttername
PN	Personenname

Zur Umschrift

Für altorientalische und andere fremdsprachliche Namen und Wörter wird die jeweils übliche wissenschaftliche Transkription verwendet. Die hierbei vorkommenden Sonderzeichen und ihre konventionelle Aussprache sind:

ā, â, ī, î etc.	lange Vokale
ʾ	Stimmabsatz wie zwischen *e* und *a* in *beantworten*
ʿ	wie arab. ʿ (stimmhafter pharyngaler Reibelaut)
ḏ	wie *th* in engl. *this* (stimmhafter Interdental)
ĝ	wie *ng* in *lang*
ḥ	wie arab. *ḥ* (stimmloser pharyngaler Reibelaut, «heiserer» *h*-Laut)
ḫ	wie *ch* in *Bach*
q	wie arab. *q* (weit hinten artikulierter *k*-Laut)
š	wie *sch* in *scharf*
ṣ	wie *z* in *zu* oder wie arab. *ṣ* («emphatischer» *s*-Laut)
ṭ	wie arab. *ṭ* («emphatisches» *t*)
ṯ	wie *th* in engl. *thing* (stimmloser Interdental)
z	wie in engl. *zero* (stimmhafter *s*-Laut); in heth. Wörtern wie dt. *z*

Alle Namen von Gottheiten und mythischen Wesen sind der leichteren Auffindbarkeit wegen *kursiv* gesetzt. Kursiv gesetzt sind ferner fremdsprachliche Wörter und Zitate.

Transliterationen (d. h. Zeichen-für-Zeichen-Umschriften) keilschriftlicher Wörter und Namen sind unterstrichen. Indexzahlen dienen hier zur Unterscheidung gleichwertiger Keilschriftzeichen; die zu einem Wort gehörigen Zeichen sind durch Bindestrich oder Punkt voneinander abgesetzt; hochgestellte Buchstaben geben als Determinative (semantische Klassifikatoren) gebrauchte Keilschriftzeichen wieder (zum Gottesdeterminativ s. S. 44).

Für das Sumerische existiert keine ganz einheitliche Transkription. Die Schwankungen betreffen: (1) bestimmte Laute und Wörter, die heute anders rekonstruiert werden als früher wie z. B. *Mardu* statt *Martu*, *Ur-Namma* statt *Ur-Nammu*; (2) Auslautkonsonanten, die im Sumerischen (ähnlich wie im Französischen) nur vor folgendem Vokal ausgesprochen wurden und in Umschriften teils berücksichtigt werden, teils nicht, wie z. B. in dem Ortsnamen *Eridu(g)* oder im Namen der Göttin *Inanna*, dessen auslautendes *-k* (sum. Genitivendung) gewöhnlich nicht wiedergegeben wird; (3) die in der sumerischen Orthographie begründete Doppelsetzung von Konsonanten, die heute in Umschriften oft ignoriert wird. So wird der keilschriftlich *E*$_2$*-an-na-tum*$_2$ notierte Personenname heute oft *Eanatum* umschrieben. In diesen Fällen wird, um die Benutzung älterer Literatur zu erleichtern, die konventionelle Umschrift verwendet, also *Ur-Nammu, Martu* bzw. *Eannatum.*

Akk. Nomina werden in der Regel ohne das auslautende *-m* («Mimation») der älteren Sprache zitiert, das um die Mitte des 2. Jt.s schwand, aber noch oft geschrieben wurde, also z. B. *ilu* statt *ilum* «Gott». Bei ugar. Wörtern und Namen sind die Kasusendungen weggelassen, also z. B. *Baʿl* statt *Baʿlu* (Nominativ).

Die meisten altorientalischen Personen- und Götternamen sind aus mehreren Wörtern zusammengesetzt. Diese werden in der Umschrift oft durch Bindestrich getrennt, doch ist der Gebrauch nicht einheitlich. In diesem Buch werden lediglich Götternamen als Bestandteile von Personennamen abgetrennt, also z. B. Narām-Sîn oder Amar-Su'ena.

Gleichbedeutende Götternamen sind durch Schrägstrich getrennt, der erste ist in der Regel sumerisch, der zweite akkadisch. Antike und moderne Ortsnamen sind ebenfalls durch Schrägstrich getrennt, ersterer steht voran.

Wenn eingedeutschte Formen (die bei Eigennamen oft aus der biblischen Tradition stammen) gebräuchlich sind, werden diese benutzt, z. B. Assur statt *Aššur*, Asarhaddon statt *Aššur-aḫa-iddina*, Nebukadnezar statt *Nabû-kudurra-uṣur*, Zikkurrat statt *ziqqurratu.*

I. Der geographische und historische Rahmen

Der Kulturraum «Alter Orient». Der Begriff «Alter Orient», wie er hier verwendet wird, bezeichnet einen historischen Kulturraum, der durch Gebrauch und Verbreitung der Keilschrift definiert ist. Diese – neben der ägyptischen – älteste Schrift der Menschheit entstand um 3300 v. Chr. im Süden des heutigen Irak (wahrscheinlich in der Stadt Uruk) und wurde bis ins 1. Jh. n. Chr. als Medium mehrerer verschiedener Sprachen benutzt. Es handelt sich um eine Weiterentwicklung früherer Zählsymbole und Zahlnotationen, die für administrative Zwecke geschaffen und lange ausschließlich für solche verwendet wurde. Das gewöhnliche Medium der Keilschrift war die Tontafel; das Eindrücken der Zeichenelemente mit einem dreikantigen Griffel in feuchten Ton ergab das typische Erscheinungsbild, dem sie ihren Namen verdankt. Das auf dem Boden der heutigen Staaten Irak und Syrien gelegene Kerngebiet der Keilschriftkultur wird mit einem antiken griechischen Terminus, der sich ursprünglich nur auf dessen nördlichen, syrischen Teil bezog, Mesopotamien genannt, frei übersetzt das «Land zwischen den Strömen» – nämlich Euphrat und Tigris. Der südlichste Teil wird nach seinen ältesten bekannten Bewohnern «Sumer» genannt. Fast deckungsgleich, aber etwas weiter nach Norden bis in die Gegend des heutigen Bagdad ausgreifend, wird der Begriff «Babylonien» gebraucht. Zur Zeit ihrer größten Ausdehnung (ca. 1400–1200 v. Chr.) erstreckte sich die Keilschriftkultur vom Persischen Golf bis ans Mittelmeer und von Anatolien bis nach Ägypten.

Ungefähr in dieselbe Zeit wie die archaischen Keilschrifttexte aus Uruk datieren die ältesten ägyptischen Schriftdenkmäler. Ein Zusammenhang zwischen beiden Schriftschöpfungen ist nicht auszuschließen. Keilschrift und ägyptische Schrift ähneln sich strukturell, insofern ihre Zeichen als Wortzeichen (Logogramme), semantische Klassifikatoren (Determinative) und Lautzeichen (Phonogramme) gebraucht werden können. Ersteres war die ursprüngliche Verwendung. Durch rebusartigen Gebrauch erhielten die Wortzeichen auch abstrakte Lautwerte. Im Falle der Keilschrift waren dies Silben, im Falle der ägyptischen Schrift Konsonanten(gruppen). Letztere blieb im Unterschied zur Keilschrift fast gänzlich auf eine einzige Sprache, nämlich das Ägyptische, beschränkt. Auf ihr Modell geht jedoch die Alphabetschrift zurück, die um 1800 erfunden wurde und später in ihren verschiedenen Ausprägungen die älteren Schriftsysteme verdrängen sollte. Die Schriftsysteme Ägyptens und Mesopotamiens dürften auch die weniger langlebigen Schriftschöpfungen des 2. Jt.s im ägäisch-kleinasiatischen Raum angeregt haben wie die kretische und hethitische Hieroglyphenschrift sowie die «Linear»-Schriften Kretas, Zyperns und Griechenlands. Auf keilschriftlichen Impulsen beruhen die «protoelamische» Schrift (Anfang 3. Jt.) im heutigen Iran und vielleicht auch die Schrift der Indus-Kultur (ca. 2600–1900).

Gebrauch und Verbreitung der Keilschrift definieren nur einen Ausschnitt aus einem weiteren kulturhistorischen Kontinuum. Dieser Ausschnitt mag ziemlich willkürlich erscheinen. Man kann ihm jedoch aus zwei Gründen eine gewisse Berechtigung zuerkennen: (1) Die keilschriftlichen Quellen sind den anderen frühen Schriftcorpora – von denen einige wie die Indus-Schrift noch gar nicht entziffert sind – überlegen an Umfang und Vielfalt, aber auch an sprachlicher Präzision, da die Keilschrift im Unterschied zur ägyptischen und zur frühen Alphabetschrift, die nur Konsonanten notieren, auch Vokale wiedergeben kann. Der durch keilschriftliche Quellen beleuchtete Kulturraum hebt sich somit für den modernen Betrachter von seiner Umgebung ab. (2) Die Keilschrift ist als kulturelles Band nicht zu unterschätzen. Aufgrund ihrer Genese und Frühgeschichte eng mit den Hauptsprachen Mesopotamiens, Sumerisch und Akkadisch, verwoben, vermittelte sie im Zuge ihrer Verbreitung nicht nur diese Sprachen, sondern auch kulturelle Inhalte, Texte, Wörter und Namen. Da der keilschriftliche Kulturraum ethnisch, sprachlich, kulturell und historisch heterogen ist, scheint es angebracht, ihn zunächst im Rahmen eines historischen Streifzuges vorzustellen.

Historischer Überblick. Die Vorstellungen und Werte des altorientalischen Kulturraumes waren in seßhafter Lebensweise, Ackerbau und Viehzucht verwurzelt. Gegen 12000 v. Chr., nicht lange nach dem Abklingen der letzten Eiszeit, wurde der Vordere Orient zum Schauplatz kulturgeschichtlicher Neuerungen, die man häufig mit einem von dem britischen Historiker G. Childe geprägten Ausdruck als «neolithische Revolution» bezeichnet. Die wichtigsten Errungenschaften des *Neolithikums* (Jungsteinzeit) waren dörfliche Siedlungen, die Domestizierung von Pflanzen (besonders der im Nahen Osten beheimateten Getreidearten Weizen und Gerste) und Tieren (Ziege, Schaf, Rind und Schwein) sowie die Herstellung von Gefäßen aus gebranntem Ton (ab ca. 7000 v. Chr.). Noch während des Neolithikums kam der Gebrauch des Kupfers auf, der sich um 3000 allgemein durchsetzte (Bronzezeit). Gegen 1200 begann die Eisenzeit. Die Kernzone der Neolithisierung, der «Fruchtbare Halbmond», erstreckte sich von der Levante über Südostanatolien und die Abhänge des Zagros-Gebirges bis zum Persischen Golf. Die südmesopotamische Tiefebene wurde relativ spät von neolithischen Siedlern erschlossen, da dort die Niederschlagsmenge für den Regenfeldbau zu gering war. Zwecks landwirtschaftlicher Nutzung mußten sie das an sich fruchtbare Schwemmland künstlich bewässern. Trotz oder auch aufgrund dieser Herausforderung wurde Südmesopotamien zu einem Zentrum der kulturellen Entwicklung. Die dort gegen 6000 entstandene *Obed-Kultur* (benannt nach einem in Obed zuerst beobachteten Keramikstil) expandierte im 5. Jt. weit nach Nordwesten (wo sie die *Halaf-Kultur* überlagerte) und den Persischen Golf entlang nach Südosten. Um 3500 bildete sich in Südmesopotamien die ersten Stadtstaaten heraus, deren Gesellschaft und Kultur auf hochgradiger Spezialisierung und Arbeitsteilung sowie auf überregionalen Handelsbeziehungen beruhte. An der Spitze dieser Entwicklung stand die Stadt *Uruk/Warka,* wo wohl auch die

Keilschrift geschaffen wurde (um 3300). Die nach ihr benannte Uruk-Kultur breitete sich noch weiter als die Obed-Kultur nach Nordwesten, aber auch nach Osten in das iranische Hochland aus, bis die expansive Phase um 3000 aus ungeklärten Gründen abrupt endete.

Die ersten Keilschrifttexte enthalten zwar, da sie lediglich Begriffszeichen verwenden, noch keine klaren Hinweise auf die zugrundeliegende Sprache, doch dürfte Südmesopotamien schon zur Zeit der Schrifterfindung von *Sumérern* bewohnt gewesen sein. Ihr Name ist von der erst Jahrhunderte später bezeugten akkadischen (s. u.) Landes- und Volksbezeichnung *māt Šumerim* «Land Súmer» abgeleitet, wofür die Sumerer selbst *Ki-engi(r)* sagten; ihre Sprache, für die bislang keine Verwandtschaft sicher nachgewiesen wurde, tritt uns erst in etwas jüngeren Schriftfunden aus Uruk, *Ǧemdet Naṣr* (um 3000) und *Ur* (um 2700) deutlich entgegen. In Südmesopotamien existierten damals verschiedene sum. Stadtstaaten, zwischen denen z. T. engere Beziehungen bestanden. Den Schriftfunden aus *Šuruppag/Fāra* (um 2600) und *Abū Ṣalābīḫ* (etwas jünger) lassen sich zwar noch keine Herrscherabfolgen und Datierungen entnehmen, doch sind sie von gößter Bedeutung für die altorientalische Kulturgeschichte, denn sie umfassen neben den üblichen Verwaltungstexten zum ersten Mal und in großem Umfang auch «literarische» Gattungen: Hymnen auf Gottheiten und Tempel, Mythen und Beschwörungen. Gesicherten historischen Boden erreichen wir um ca. 2500 im Stadtstaat *Lagaš* (mit den Hauptorten Lagaš und Ĝirsu). Von den Stadtfürsten der dort regierenden Dynastie (ca. 2500–2350) haben sich zahlreiche Inschriften und datierte Wirtschaftstexte erhalten, aus denen sich zum ersten Mal ein abgerundetes Bild von den religiösen Verhältnissen in einem frühen Staatsgebilde gewinnen läßt. Die Stadtfürsten von Lagaš berufen sich in ihrem Grenzkonflikt mit dem benachbarten Stadtstaat Umma auf den König von *Kiš* als Schiedsrichter, der im späten Frühdynastikum die Oberherrschaft über mehrere südmesopotamische Stadtstaaten ausübte.

Kiš liegt in Nordbabylonien, das damals schon überwiegend von einer semitischsprachigen Bevölkerung besiedelt war, den

Akkadern. Ihr Name ist von der bei Bagdad zu lokalisierenden Stadt *Akkad(e)* abgeleitet, der Hauptstadt des ersten mesopotamischen Großreiches, das König Šarrukīn bzw. Sargon (so die biblische Form des Namens, den auch zwei spätere assyrische Herrscher trugen) um 2340 gründete, nachdem er einer späteren Legende zufolge seine Karriere als Mundschenk des Königs von Kiš begonnen hatte. Das Akkadische (mit seinen Hauptdialekten Babylonisch und Assyrisch) bildete den (heute ausgestorbenen) östlichen Zweig der semitischen Sprachfamilie.

Als Sargon auf seinen Eroberungszügen nach Syrien vorstieß, war die Keilschrift dort bereits verbreitet, wie Textfunde aus Mari, Beydar und vor allem die 1974/5 entdeckten Archive von *Ebla* (24. Jh.) bezeugen. Diese umfassen neben Tausenden von administrativen Texten auch «literarische» und «lexikalische». Zu ersteren gehören sum. Beschwörungen, deren Wortlaut man schon durch ca. 200 Jahre ältere, im südmesopotamischen Šuruppag ausgegrabene Tontafeln kannte. Aus Mesopotamien hatten die Schreiber von Ebla auch eine akk. Hymne auf den Sonnengott *Šamaš* und sein in Sippar gelegenes Heiligtum importiert; eine ältere Tontafel mit derselben Dichtung war bereits in Abū Ṣalābīḫ ausgegraben worden. Es handelt sich um das bislang älteste Literaturwerk in einer semitischen Sprache. Unter den «lexikalischen» Texten fand sich das bislang älteste zweisprachige «Wörterbuch»; es enthält u. a. einen Abschnitt mit den Namen mesopotamischer Gottheiten, die z. T. mit Ausspracheangaben versehen und durch eblaitische Gottheiten «erklärt», d. h. mit ihnen gleichgesetzt, wurden.

Sumerer und Akkader hatten, wie Wechselwirkungen zwischen ihren recht unterschiedlichen Sprachen zeigen, bereits während des Frühdynastikums in engem Kontakt miteinander gestanden. Die Herrscher der Dynastie von Akkad (und ihrem Beispiel folgend auch spätere) bezogen sich in ihrer Titulatur «König von Sumer und Akkad» ausdrücklich auf diese beiden Landesteile bzw. Bevölkerungsgruppen. Sargon erhob das Akkadische neben dem traditionellen Sumerisch zur offiziellen Verwaltungssprache. Von seiner Tochter, die unter dem Namen

Enḫeduanna als Hohe Priesterin des Mondgottes *Nanna* in Ur amtierte, sind sum. Dichtungen über *Inanna/Ištar*, die Schutz- und Reichsgöttin der Herrscher von Akkad, sowie ein Hymnenzyklus auf die Tempel von Sumer und Akkad überliefert. Unter dem Enkel Sargons, Narām-Sîn, kam es zu Aufständen, an denen der sum. Süden maßgeblich beteiligt war. Nachdem er sie niedergeschlagen hatte, legte er sich als erster altorientalischer Herrscher den Gottestitel zu. Eine Originalinschrift, in der er diesen Schritt begründet, ist erhalten (s. S. 44). Unter seinen Nachfolgern brach das Reich zusammen, *Gutäer*, ein Gebirgsvolk aus dem mittleren Zagros, und Elamer besetzten Teile Südmesopotamiens.

Elam war eine östlich von Sumer und Akkad gelegene Kulturlandschaft und politische Größe mit den beiden Zentren *Susa* und *Anšan*. Die elamische Sprache war vielleicht weitläufig mit den indischen Drawida-Sprachen verwandt. Seit dem 23. Jh. v. Chr. benutzte man in Elam die mesopotamische Keilschrift, als Schriftsprache gebrauchte man bis ins 15. Jh. jedoch überwiegend das Akkadische. Die Könige von Akkade und Ur brachten große Teile Elams unter ihre Kontrolle; seit Beginn des 2. Jt.s war Elam ein mächtiger Staat, aus dem im 6. Jh. das Perserreich hervorging.

Gegen 2120 v. Chr. besiegte König Utu-ḫeĝal von Uruk die Gutäer. Sein Feldherr und Bruder Ur-Nammu vertrieb die Elamer und gründete das ca. 100 Jahre währende Reich der *III. Dynastie von Ur* (der sum. Name dieser Stadt lautete *Urim*, er wurde im Akk. zu *Ur(u)* verkürzt). Ur-Nammus Nachfolger Šulgi(r), der 48 Jahre lang regierte, nahm wie einst Narām-Sîn den Gottestitel an; die restlichen Herrscher seiner Dynastie sowie die Könige der Dynastie von Isin folgten ihm darin. Das Reich der III. Dynastie von Ur ist dank ca. 100 000 bislang bekannter Verwaltungstexte eine der am besten dokumentierten Perioden der altorientalischen Geschichte. Am Hof der Ur III-Herrscher entstanden als neue Gattung Königshymnen, die z. T. Fürbitten an eine Gottheit enthalten und reichhaltige Quellen für die religiös fundierte Königsideologie darstellen. Die Könige der III. Dynastie von Ur dürften auch die größtenteils nur auf jüngeren Manuskripten erhaltenen Epen über frühe Könige von Uruk – Enmerkar, Lugalbanda und Bilgameš (jünger Gilgameš) – angeregt haben, da sie sich als deren Nachkommen betrachteten. Unter dem letzten König Ibbi-Sîn kam es aus noch unklaren Gründen zu einer Hungersnot, mit welcher der Zusammenbruch des Reiches einherging. Um 2000 plünderten und zerstörten die Elamer die Hauptstadt Ur mitsamt ihren Heiligtümern. Die Katastrophe wurde in zwei umfangreichen sum. Klageliedern reflektiert, darüberhinaus scheint sie prägend auf die Tempelliturgie des 2. und 1. Jt.s eingewirkt zu haben, in der sum. Klagelieder über zerstörte, von ihren Göttern verlassene Tempel eine zentrale Rolle spielten. Die Zerstörung von Ur wäre somit in ihrer religionsgeschichtlichen Tragweite mit den Zerstörungen Jerusalems durch Nebukadnezar II. (587/6) und Titus (70 n. Chr.) zu vergleichen.

Hatte das Sumerische unter der III. Dynastie von Ur noch eine Blütezeit als Verwaltungs- und Literatursprache erlebt, so wurde es bald darauf als Umgangssprache vom Akkadischen abgelöst. Als Urkunden- und Literatursprache, vor allem aber als Sakralsprache im Tempelkult und in magischen Ritualen blieb es jedoch in Gebrauch und spielte somit für die altorientalische Kultur des 2. und 1. Jt.s eine ähnliche Rolle wie das Lateinische für die europäischen Kultur des Mittelalters und der frühen Neuzeit.

Das Reich der III. Dynastie von Ur zerfiel in rivalisierende Stadtstaaten, deren bedeutendste auf babylonischem Boden *Isin* und *Larsa(m)* waren. Erst im 18. Jh. gelang es Ḫammurapi von *Babylon* (1792–1750), einen Großteil Mesopotamiens wieder zu einem Reich zu vereinigen, womit der Grundstein für die künftige überregionale Bedeutung Babylons und seines Stadtgottes *Marduk* gelegt war. Die Stadt Babylon hatte vorher politisch keine Rolle gespielt. Ihr Name *Babil(im)* wurde von den Schreibern akkadisch als *bāb ilim* «Tor des Gottes» gedeutet und entsprechend geschrieben. Statt der originalen Namensform bzw. der darauf fußenden biblischen (Babel) hat sich die griechische (Babylon) eingebürgert. Ḫammurapi entstammte, wie viele Herrscher der altbabylonischen Zeit, einer amurritischen Dynastie. Die Amurriter, sum. *Martu*, akk. *Amurru*, waren semitische Nomadenstämme aus Syrien, die sich schon in der Ur III-Zeit bis nach Babylonien ausgebreitet hatten, wo sie sich sprachlich und kulturell weitgehend assimilierten. Ḫammurapis Reich begann bereits unter seinem Nachfolger Samsu-iluna zu zerfallen, im 16. Jh. versetzte ihm ein Kriegszug des Hethiterkönigs Muršili I. den Todesstoß.

Die *Hethiter* gehörten einer indoeuropäischen Bevölkerungsschicht an, die wohl im 3. Jt. nach Kleinasien eingewandert war. Muršilis Vater Ḫattušili I. hatte gegen 1600 das Hethiterreich (*Ḫatti*) mit der Hauptstadt *Ḫattuša* (moderner Name: Boğazköy) gegründet. Um 1350 stieg es zu einer Großmacht auf, deren Expansionsbestrebungen in Syrien mit denen des Neuägyptischen Reiches kollidierten. Der Kampf um die Vorherrschaft wurde um 1250 durch einen Friedensvertrag zwischen Ḫattušili III. und Pharao Ramses II. beigelegt. Das Hethiterreich ging kurz nach 1200 unter, die noch im unklaren liegenden Ursachen hängen vielleicht mit dem Auftauchen der Seevölker im östlichen Mittelmeer zusammen. Die Hethiter hatten die Keilschrift übernommen und ihrer indoeuropäischen Sprache angepaßt. Sie zeichneten – meist im Rahmen von Kultritualen – auch Texte in anderen Sprachen auf: Hattisch, der Sprache ihrer nichtindoeuropäischen Vorgänger; Luwisch und Palaisch, zwei mit dem Hethitischen verwandten Sprachen; und Hurritisch.

Die *Hurriter* spielten eine wichtige Rolle als Vermittler mesopotamischer Literatur an die Hethiter. Sprachlich sind ihre einzig gesicherten Verwandten die Urartäer, die im 9. Jh. das Reich Urartu im armenischen Hochland gründeten. Aus dieser Region drangen die Hurriter seit Ende des 3. Jt.s nach Nordmesopotamien, Syrien und Südostanatolien ein. Im 16. Jh. gründete eine hurritische Dynastie in Nordmesopotamien das Reich *Mittani*, unter dessen Oberhoheit auch Assur geriet. Teile der Hurriter müssen mit Vorfahren der Indoarier in Berührung gekommen sein, die um diese Zeit nach Nordindien einwanderten, denn die Mittani-Dynastie benutzte altindische Personennamen und verehrte Gottheiten, die wir aus dem Veda kennen: Ein um 1330 zwischen dem Hethiter-König Šuppiluliuma I. und Šattiwaza von Mittani geschlossener Vertrag nennt in der Liste der Schwurgottheiten (in hurritisierter Form) *Mitra*, *Varuna*, *Indra* und die *Nāsatya*-Zwillinge. Wie das Hethiterreich, so stand auch Mittani in Kontakt mit Ägypten. Zwei Könige sandten sogar das Kultbild *Ištar* (hurr. *Šauška*) von Ninive nach Ägypten, um den kranken Pharao Amenophis III. zu heilen. Infolge von Thronfolgestreitigkeiten wurde Mittani zum Zankapfel zwischen dem Hethiterreich und Assur, das sich aus der Oberherrschaft Mittanis befreite und den mittanischen Reststaat im 13. Jh. annektierte.

Der Stadtstaat *Assur* hatte im 3. Jt. zeitweise unter der Herrschaft von Akkad und Ur gestanden. Zu Beginn des 18. Jh.s konnte der aus Babylonien stammende Usurpator Šamšī-Addu das Königreich Mari annektieren; es wurde jedoch bald von Zimrīlīm, einem Abkömmling der einheimischen Dynastie, zurückgewonnen (der 1762 Ḫammurapi von Babylon unterlag). Im 14. Jh. etablierte sich das mittelassyrische Reich zu Lasten Mittanis als gleichberechtigter Partner und Rivale der Großmächte Ḫatti und Ägypten. König Tukulti-Ninurta I. (1233–1197) besetzte kurzzeitig Babylon (1215) und ließ unter anderen Beutestücken Keilschrifttexe abtransportieren, was zur Rezeption babylonischer Kultur und Religion in Assyrien beitrug.

In *Babylon* gelangte nach Muršilis Kriegszug die *Dynastie der Kassiten* auf den Thron. Angehörige dieses Volkes waren schon seit etwa 200 Jahren aus dem iranischen Bergland nach Mesopotamien eingedrungen und hatten sich, wie zuvor die Amurriter, weitgehend assimiliert. Von ihrer Sprache kennen wir fast nur Personen- und Götternamen, darunter *Šukamuna* und *Ši/umalija*, die Namen der Schutzgottheiten der Dynastie. Wie die Mittani-Hurriter, so hatten anscheinend auch die Kassiten vor ihrer Einwanderung Kontakt zu frühen Indoariern, denn die Namen ihrer Götter *Šurijaš* und *Maruttaš*, die mit dem Sonnengott *Šamaš* bzw. *Ninurta* gleichgesetzt wurden, dürften mit vedisch *Sūryas* (Sonnengott) bzw. *Marutas* (Windgötter) zu identifizieren sein. Das Ende der Kassiten-Dynastie führten um

1157 Einfälle der Elamer herbei. Das elamische Reich erlebte seit dem 14. Jh. eine Blütezeit, von der u. a. der gut erhaltene Stufentempel von Chogha Zambil (um 1300) zeugt. Die Elamer verschleppten zahlreiche erbeutete Denkmäler in ihre Hauptstadt Susa, darunter auch das Kultbild *Marduk*s, des Stadtgottes von Babylon. Wenn man einer späteren Inschrift glauben darf, war es bereits von Muršili I. deportiert und von dem kassitischen König Agum heimgeholt worden. Seine Rückführung aus Elam gelang erst Nebukadnezar I. (1126–1105), dem bedeutendsten Herrscher der in Babylon auf die Kassiten-Könige folgenden *II. Dynastie von Isin.* Die Rückkehr des Gottes trug wohl entscheidend zu seiner Popularität und Bedeutung bei.

Im 14. und 13. Jh., zur Zeit der größten Ausdehnung der Keilschriftkultur, benutzten zahlreiche Herrscher der nahöstlichen Staatenwelt die Keilschrift, um – meist in babylonisch-akkadischer Sprache – miteinander zu korrespondieren oder Verträge abzuschließen. Sogar im ägyptischen Amarna, der Residenz Amenophis IV. (Echnaton), gab es ein Keilschriftarchiv, dessen Reste 1887 zutage kamen. Besonders vielfältige Schriftzeugnisse wurden in dem Kleinkönigtum Ugarit ausgegraben: sumerische, akkadische und hurritische (in Keilschrift), hethitische (in Keilschrift und hethitischen Hieroglyphen), ugaritische (in ugaritischer Schrift, einer Frühform des Alphabets), ägyptische (in Hieroglyphenschrift) und kyprominoische (in unentzifferter Schrift). Sie dokumentieren neben anderen Formen des Kulturkontakts auch das Zusammentreffen verschiedener religiöser Traditionen: So erweiterten ugaritische Schreiber die aus Mesopotamien stammende «Weidner'schen Götterliste» (s. S. 41) um hurritische und ugaritische «Übersetzungen» der einzelnen Götternamen.

In den letzten beiden Jahrhunderten des 2. Jt.s erlebte die vorderorientalische Staatenwelt gravierende Umbrüche: Gegen 1200 v. Chr. fallen an der Mittelmeerküste die *«Seevölker»* ein, die Ugarit zerstören und bis Ägypten vordringen, wo sie Ramses III. 1176 besiegt. Bald nach 1200 geht das Hethiterreich zugrunde, worauf die Keilschrift in Kleinasien aufgegeben wird. In Ägypten endet mit der 20. Dynastie um 1069 das Neue

Reich. In den vormals von Ḫatti und Ägypten kontrollierten Gebieten Syropalästinas bildet sich eine neue Staatenwelt heraus: sie umfaßt Relikte des hethitischen Reiches (Karkemiš am Euphrat), Seevölkeransiedlungen wie die der *Philister* (nach denen «Palästina» benannt ist) und nordwestsemitische Kleinkönigtümer wie *Israel* und *Aram-Damaskus*. Aramäische Kleinstaaten dehnen sich auf ehemals assyrische Gebiete aus. Zu Beginn des 1. Jt.s dringen aramäische Stämme auch in Babylonien ein, etwa zur selben Zeit lassen sich dort die *Chaldäer*, semitische Zuwanderer unklarer Herkunft, nieder. Die Folge sind instabile Verhältnisse unter rasch wechselnden Dynastien. Im benachbarten Elam verstummen nach dem babylonischen Gegenangriff Nebukadnezars I. die einheimischen Schriftquellen fast gänzlich, im iranischen Hochland siedeln sich *Meder* und *Perser* an.

Die ersten vier Jahrhunderte des 1. Jt.s sind vom Aufstieg des *neuassyrischen Reiches* geprägt, der unter den «Sargoniden» (Sargon II., Sanherib, Asarhaddon, Assurbanipal) kulminierte. Anfangs richteten sich die Feldzüge gegen die aramäischen Kleinstaaten in Nordmesopotamien. Tiglatpileser III. (744–727) unterwarf Babylonien (728) und die meisten syropalästinischen Kleinstaaten, darunter Israel (722/1 Zerstörung von Samaria); Juda kaufte sich 701 gegen hohe Tributzahlungen los. Asarhaddon (680–669) eroberte schließlich sogar Teile Ägyptens, die aber unter Assurbanipal (668–631) wieder verloren gingen. Im Norden setzte sich Assur erfolgreich gegen das Reich *Urartu* (9. bis 7. Jh.) durch. In Babylonien kam es zu Aufständen, die von Elam unterstützt wurden. Als Reaktion zerstörte Sanherib 689 Babylon, was von vielen, auch seinem Sohn und Nachfolger Asarhaddon, als Frevel empfunden wurde. Asarhaddon und Assurbanipal ließen die Stadt wiederaufbauen. Gegen Assurbanipal rebellierte sein in Babylon als Vizekönig eingesetzter Bruder, bei der Niederschlagung dieses Aufstandes wurde Babylon erneut in Mitleidenschaft gezogen (648) und die elamische Hauptstadt Susa zerstört. Hauptstädte des neuassyrischen Reiches waren Assur, das von Asurnasirpal II. (884–858) ausgebaute Kalḫu/Kalaḫ und (seit Sanherib) Ninive.

Nicht lange nach Assurbanipals Tod fiel das neuassyrische Reich in babylonische Hände. Anführer des babylonischen Befreiungskrieges und Begründer des neubabylonischen oder chaldäischen Reiches war der Chaldäer Nabopolassar (626–605). Er nahm 612 im Verbund mit medischen Truppen Ninive ein. 605 besiegte sein Sohn und Nachfolger Nebukadnezar II. (604–562) die den Assyrern zu Hilfe gekommenen Ägypter. 597 eroberte er das unbotmäßige Kleinkönigtum Juda, 587/6 zerstörten seine Truppen nach biblischer Überlieferung die Stadt und den Tempel und deportierten Teile der Bevölkerung ins «Babylonische Exil». Unter Nebukadnezar erlebte Babylonien eine wirtschaftliche und kulturelle Blütezeit. Nach seinem Tod kam es zu Thronwirren. Nabonid (555–539), der letzte König von Babylon, war der Sohn eines hohen Offiziers und einer Priesterin des Mondgottes *Sîn* von Harran. Er machte sich die babylonische Priesterschaft zum Feind, da er den Kult jenes Gottes propagierte und während eines mehrjährigen Aufenthalts in der arab. Oase Teima seine zeremoniellen Pflichten vernachlässigte.

539 eroberte der *Perserkönig Kyros* Babylon und konnte sich dabei als Restaurator der alten Ordnung inszenieren. Seine Dynastie hatte sich in den vorangehenden Jahrzehnten in Elam etabliert, die Stämme der Meder und Perser vereint und ihre Herrschaft bis Kleinasien ausgedehnt. Mesopotamien ging nun in dem von Kyros und seinen Nachfolgern Kambyses (II.) (530–522) und Dareios I. (522–486) geschaffenen «Weltreich» der Achämeniden auf. In Babylonien wurde dies zunächst nicht als Bruch wahrgenommen, da die einheimischen Traditionen weiterlebten, auch blieb die Stadt Babylon neben den Residenzstädten Susa und Persepolis eine wichtige Metropole. Als Alexander der Große das Achämenidenreich erobert hatte, plante er, Babylon zur Hauptstadt seines Weltreiches zu machen; er starb dort 323. In hellenistischer und parthischer Zeit (seit 141) nehmen die Keilschriftfunde deutlich ab und konzentrieren sich schließlich auf wenige Zentren, darunter Babylon, woher der bislang jüngste Keilschrifttext stammt, ein astronomischer Almanach des Jahres 74/75 n. Chr. Die Verehrung altorientalischer Gott-

heiten ist in Mesopotamien und angrenzenden Gebieten durch aramäische, griechische und arabische Quellen noch bis in die islamische Zeit hinein bezeugt.

Im Gegensatz zu früheren Einwanderern hatten die Aramäer ihre Sprache in Mesopotamien beibehalten und schrieben sie mittels des Alphabets. Schon ein Wandrelief aus dem Palast Assurnaṣirpals II. in Kalḫu (um 864) zeigt nebeneinander einen Keilschrift- und einen Alphabetschreiber mit Tontafel bzw. Lederrolle. Im Achämenidenreich diente das Aramäische als internationale Verkehrs- und Verwaltungssprache. Das Aramäische und das wesentlich einfacher als die Keilschrift zu erlernende Alphabet ersetzten schließlich das Akkadische und die Keilschrift. Auch auf dem Boden der Königreiche von Israel und Juda setzte sich das Aramäische durch, die althebräische Form des Alphabets wurde dort zugunsten einer aramäischen aufgegeben, die wir heute als «hebräische» Quadratschrift bezeichnen. Das Aramäische wiederum wurde nach dem Siegeszug des Islam im 7. Jh. n. Chr. weitgehend vom Arabischen verdrängt. Es hielt sich jedoch bis in die Gegenwart in Gestalt des als Schrift- und Kirchensprache konservierten (Alt-)Syrischen (mit einer reichen, bis ins 3. Jh. n. Chr. zurückgehenden Literatur), und in Form verschiedener neuaramäischer Dialekte (Syrien, Türkei, Irak, Iran). Seit dem 19. Jh. n. Chr. bezeichnen Angehörige der ostsyrischen oder nestorianischen Kirche, die oft auch Sprecher neuaramäischer Dialekte sind, ihre Glaubensgemeinschaft als «assyrisch» und sich selbst als «Assyrer».

Strukturen und Veränderungen der religiösen Landkarte. Neben der sprachübergreifenden Keilschrift gab es viele weitere Gemeinsamkeiten, die den Alten Orient kulturell prägten, aber auch über ihn hinausreichten. In Hinblick auf die religiösen Verhältnisse ist hier in erster Linie eine polytheistische, also eine Vielzahl von Gottheiten umfassende, Vorstellungswelt zu nennen. In dieser spielten weithin ähnliche Polaritäten wie «göttlich» und «profan», «rein» und «unrein», «Ordnung» und «Chaos» eine wichtige Rolle, was sich in ähnlichen Institutionen und Praktiken manifestierte. Auf der religiösen Landkarte des Alten Orients lassen sich mehr oder weniger scharf abgrenzbare Areale unterscheiden, deren Eigenheiten sich z. T. mit den jeweiligen naturräumlichen Gegebenheiten verbinden lassen. Betrachtet man die höchsten Gottheiten, so springt ins Auge, daß in den gebirgigen Regionen der nordwestlichen Peripherie (Palästina, Libanon, Nordsyrien, Anatolien), wo Regenfeldbau betrieben werden konnte und Gewitter nicht selten waren, Wettergottgestalten dominierten, die oft mit bestimmten Bergen assoziiert waren. Östlich davon, in Obermesopotamien, hatte der Gott *Dagan* eine beherrschende Stellung inne. Er wurde mit *Enlil* identifiziert, der in der südmesopotamischen Tiefebene an der Spitze des Pantheons stand, einer Region, wo der Ackerbau auf künstlicher Bewässerung und fortgeschrittenen Agrartechniken beruhte. *Enlil* und wohl auch *Dagan* scheinen seit jeher mit der Erde assoziierte Ackerbaugötter gewesen zu sein. *Enlil*s Frau ist eine Tochter der Getreidegöttin, sein Sohn *Ninurta* ist für den Pflug zuständig, in seinem Namen steckt wohl ein altes Wort für «Erde». Euphrat und Tigris, die das Land bewässern, strömten ganz im Süden durch riesige Sumpfgebiete und Marschen in den Persischen Golf, in dem mancherorts Süßwasserquellen an die Oberfläche sprudelten. Diese Region war die Heimat des fruchtbaren und erfindungsreichen Wassergottes *Enki/Ea*, der im sum. Pantheon einen ähnlich hohen Rang wie *Enlil* einnahm. Weitere Areale ergeben sich z. B. aufgrund des Geschlechts mancher Gottheiten. So wird die Sonne in den zuerst skizzierten Gegenden überwiegend als weibliche Gottheit angesehen, während sie in Mesopotamien als männlich gilt.

Die religiöse Landkarte des Alten Orients erschließt sich unserem Blick in der durch aussagekräftige Schriftquellen gegebenen Schärfe sukzessive von Südmesopotamien aus seit etwa 2600, ihre maximale Ausdehnung erreicht sie im 14. Jh. Sie war stets mikro- und makroskopischen Veränderungen unterworfen, die durch lokale oder externe – zuweilen auf eine Person zurückführbare – Impulse bewirkt wurden. Die wenigsten von ihnen lassen sich allerdings detailliert nachzeichnen. Als Beispiel einer externen, individuell bewirkten mikroskopischen Veränderung sei die Einführung der Göttinnen *Bēlat-Suḫnir* und

Bēlat-Terrabān in den Staatskult der III. Dynastie von Ur herausgegriffen: Die beiden Göttinnen wurden von einer aus der nordöstlichen Peripherie des Reiches stammenden Gemahlin des Königs Šulgi als persönliche Schutzgottheiten importiert und gerieten nach ihrem Tod wieder in Vergessenheit; ihre Namen wurden in die zeitgenössische «Weidner'sche Götterliste» aufgenommen, erscheinen aber in jüngeren Abschriften zunehmend verballhornt. Zahlreiche mikroskopische Auswirkungen dürfte die Umsiedelungspolitik neuassyrischer Herrscher zur Folge gehabt haben, von der auch das Alte Testament berichtet (2 Könige 17, 24–33): «Und der König von Assur brachte Leute aus Babel, Kutha, Awa, Hamat und Sefarwajim in das Land und siedelte sie anstelle der Israeliten in den Städten Samariens an. [...] Jedes Volk aber schuf sich seine eigenen Götter(bilder) und stellte sie in den Höhentempeln auf, die von den Samariern erbaut worden waren. [...] Die Leute aus Babel machten sich Bilder *Sukkot-Benot*s [unklar, Überlieferung verderbt], die Ansiedler aus Kutha stellten Bilder *Nergal*s her ...». Eine bedeutende makroskopische Veränderung war der Aufstieg des babylonischen Stadtgottes *Marduk* zum Oberhaupt des babylonischen Pantheons. Seine Stellung wurde bereits von König Ḫammurapi (1792–1750), unter dem das altbab. Reich seine größte Macht und Ausdehnung erreichte, als politische Theologie in mythologischem Gewande propagiert: Im Prolog zu seiner berühmten Gesetzessammlung, dem Codex Ḫammurapi, heißt es, die obersten Götter *Anum* und *Enlil* hätten *Marduk*, dem erstgeborenen Sohn des *Ea*, «die Enlilschaft», d. h. den Rang des obersten Gottes *Enlil*, bestimmt. Tatsächlich vollzog sich der Aufstieg *Marduk*s im Laufe der nachfolgenden Jahrhunderte, in deren Verlauf das altbabylonische Reich unterging und in Babylon die Kassiten-Dynastie regierte. Tiefgreifende religiöse Veränderungen sind auch in Kleinasien zu erkennen: Zu Beginn der Großreichszeit (ca. 1360), deren Könige vielfach hurritische Zweitnamen trugen, überlagerten Gottheiten hurritisch-syrischer und mesopotamischer Herkunft das ältere Pantheon, an seine Spitze trat nun der hurritische Wettergott *Teššub*. In Ägypten bestieg damals Pharao Amenophis IV. (1351–1334) den

Thron, den man als ersten historischen «Religionsstifter» bezeichnen kann: Mit seiner ausschließlichen Verehrung des Sonnengottes Aton (auf den sich sein programmatischer Name Echnaton bezieht) suchte er den ägyptischen Polytheismus in einen Monotheismus umzuwandeln – eine Reform, die nach seinem Tod allerdings sofort rückgängig gemacht wurde. Eine wesentlich folgenreichere Entwicklung bahnte sich einige Jahrhunderte später in Palästina an: Dort entwickelte sich *Jahwe*, der Reichsgott des um 1000 entstandenen Königtums Israel, zum alleinigen Gott. Altorientalische und ägyptische Schriftquellen sowie die redaktionsgeschichtliche Analyse der alttestamentlichen Schriften ermöglichen es, die Herausbildung des jüdischen Monotheismus in einem weiteren historischen und kulturgeschichtlichen Kontext zu betrachten. In jüngster Zeit viel diskutiert wurde beispielsweise die Frage, inwieweit darauf der Kult des assyrischen Reichsgottes Assur als Modell eingewirkt haben könnte. Auch monotheistische Zuspitzungen, die sich in einem polytheistischen Umfeld beobachten lassen, können als Erklärungsmodelle herangezogen werden: gemeint sind damit Tendenzen einzelner, sich situationsbedingt auf eine Gottheit zu fixieren (Henotheismus), diese langfristig besonders zu verehren (Monolathrie) und über die anderen zu erhöhen. So sind aus der ersten Hälfte des 1. Jt.s Keilschrifttexte überliefert, welche die Hauptgestalten des traditionellen Pantheons als Aspekte des Gottes *Marduk* bzw. als Körperteile des Gottes *Ninurta* erklären. Eine ähnliche Entwicklung zeichnet sich bei hebr. *mal'ak* ab: Es wurde durch griech. *ángelos* «Bote» wiedergegeben, was über lat. *angelus* zu dt. *Engel* führte. Eine monotheistische Religionspolitik scheint wenigstens zeitweise der letzte Herrscher des neubabylonischen Reiches, Nabonid (555–539), verfolgt zu haben, indem er den Mondgott *Sîn* als einzige Gottheit propagierte – und zwar in einer den Babyloniern fremden Erscheinungsform, wie er sie aus Harran kannte, wo seine Mutter Priesterin war. In einem Gebet sagt er von *Sîn*, dieser besitze die Herrschaft der großen Götter *Anu*, *Enlil* und *Ea*, in einem anderen spricht er die Tempel der Götter *Marduk* (in Babylon) und *Nabû* (in Borsippa) als Tempel des *Sîn* an. Es scheint nicht ausgeschlossen, daß er die vielen Götter als Aspekte eines einzigen verstand. Der Nachwelt erscheint der König, der aus ungeklärten Gründen mindestens 10 Jahre fern von Babylon in der arabischen Oase Taima verbrachte und deswegen nicht an den staatstragenden Neujahrsfeierlichkeiten teilnahm, als rätselhafte und widersprüchliche Gestalt, deren Bild zudem durch die Gegenpropaganda babylonischer Priester und seines Nachfolgers Kyros verzerrt wurde.

Bei aller regionalen und lokalen Differenziertheit wurde die religiöse Landkarte des Alten Orients mehr oder weniger stark vom südmesopotamischen Zentrum der Keilschriftkultur her geprägt. Als frühes Beispiel keilschriftlichen Kulturtransfers von Sumer nach Syrien wurden bereits die Schriftfunde von Ebla erwähnt. Viele sum.-bab. Gottheiten waren im gesamten Alten Orient bekannt und wurden mit lokalen Gottheiten gleichgesetzt. Da man auf der Schriftebene die sum.-bab. Namen verwendete, wissen wir in außermesopotamischen Texten oft nicht, wie diese tatsächlich hießen. In ganz Mesopotamien und zuweilen noch darüber hinaus war es üblich, sakralen Bauten sum. Namen zu geben. In diesem Zusammenhang sei erwähnt, daß auch das hebr. Wort für «Tempel» sum. Ursprungs ist: Aus sum. *e-gal* «Palast» (wörtlich «großes Haus») stammen akk. *ēkallum* «Palast», aram. *hayk*^{e}*la* «Palast, Tempel», ugar. *hēka(l)lu* und hebr. *hēkal* «Tempel». Angesichts der kulturgeschichtlichen Bedeutung Südmesopotamiens für den gesamten keilschriftlichen Kulturraum liegt es daher nahe, das sum.-babylonische Pantheon als Grundlage der Darstellung zu wählen.

2. Die Quellen

Unser Wissen über Götter und Mythen des Alten Orients beruht hauptsächlich auf den keilschriftlichen Quellen. Als weitere Schriftquellen sind vor allem Texte in ugaritischer Schrift und Sprache (14./13. Jh.) zu nennen, ferner nordwestsemitische Inschriften (seit dem 10. Jh.), das Alte Testament (dessen vorliegende Gestalt das Ergebnis eines längeren bis ins 1. Jh. währenden Redaktionsprozesses ist) sowie griechische Inschriften und Literaturwerke wie das Geschichtswerk Herodots, die «Babylonische Geschichte» des Berossos, eines babylonischen Priesters und Zeitgenossen Alexanders des Großen und die «Phönizische Geschichte» des Philon von Byblos (beide nur durch Zitate überliefert). Die Schriftquellen werden ergänzt durch archäologische Zeugnisse: Kultbauten (von denen in Mesopotamien wegen der dort üblichen Lehmziegelbauweise meist nur Grundrisse erhalten blieben), Statu(ett)en von Betern und Gottheiten, Reliefs (auf Gefäßen, Stelen, Wandverkleidungen, Torbeschlägen, Schilden), Siegel mit bildlichen Darstellungen und Legenden oder auch Wandgemälde, um nur die wichtigsten zu nennen.

Das keilschriftliche Textcorpus umfaßt eine Vielzahl von Textsorten und -gattungen, die fast alle auch religionsgeschichtlichen Quellenwert besitzen. Es muß allerdings betont werden, daß die Schriftquellen geographisch, chronologisch und hinsichtlich der einzelnen Sprachen ungleich verteilt sind: beispielsweise umfaßt das hethitische Schrifttum, das sich über einen relativ kurzen Zeitraum erstreckt (16.–13. Jh.), zahlreiche Ritualtexte und Mythen, während diese im elamischen Schrifttum, das sich in unterschiedlicher Dichte über fast 2000 Jahre erstreckt (23. Jh. bis 5. Jh.), fehlen. Der folgende Überblick stellt die wichtigsten keilschriftlichen Quellengattungen vor.

Wirtschaftstexte und Urkunden. Die Keilschrift wurde für administrative Zwecke geschaffen und zunächst ausschließlich dafür eingesetzt. Die vielfältigen «Wirtschaftstexte» übertrafen zahlenmäßig auch später alle anderen Textsorten bei weitem. Sie beleuchten die materiellen und praktischen Aspekte der Religion, indem sie Auskunft über Personal, Inventar und Landbesitz von Tempeln geben oder festhalten, welche Gottheiten dort verehrt wurden, welche Opfer sie erhielten, wann die Opfer und Feste stattfanden, und was man für bestimmte Rituale benötigte. Seit dem Beginn des 3. Jt.s treten Rechtsurkunden (z. B.

über Kauf, Heirat, Erbschaft) in Erscheinung, seit dem 24. Jh. Staatsverträge. Eine besondere Urkunden- und gleichzeitig Denkmalsgattung sind die unter den kassitischen Herrschern Babylons im 13. Jh. eingeführten *kudurru* (akk.): auf diesen Steinmonumenten, die königliche Landschenkungen dokumentieren, wurden die Embleme der Götter dargestellt, welche den dauerhaften Bestand der Schenkung garantieren sollten (Abb. 1).

Bau- und Weihinschriften. Um 2700 kam die Sitte auf, verschiedene Objekte zu beschriften, darunter vor allem Weihegaben (Gefäße, Waffen u. a.) und Sakralbauten. Das Grundschema der «Bau- und Weihinschriften» ist: «Für die Gottheit GN hat PN (meist ein Herrscher oder eine andere hochgestellte Persönlichkeit) ... gebaut/geweiht». Sie enthalten oft genauere Angaben über die Gottheit sowie den Anlaß und das Objekt der Stiftung.

Fluch- und Segensformeln. Urkunden, insbesondere die *kudurrus*, Verträge und zahlreiche Monumentalinschriften enthalten Fluchformeln, die göttliche Strafen auf diejenigen herabrufen, die gegen Vertragsbestimmungen verstoßen oder dem beschrifteten Objekt in irgendeiner Weise schaden. In der Regel stehen die Flüche am Textende als litaneiartige Sequenz, wobei jeweils eine oder mehrere Gottheiten als Verursacher spezifischer Strafen genannt sind; so heißt es z. B. in einem *kudurru* des bab. Königs Meli-Šiḫu (ca. 1186-1172): «*Marduk*, der große Herr, dessen Befehl kein Gott ändern kann, möge ihm (dem potentiellen Übeltäter) Hunger, seine große Strafe, auferlegen, so daß er seine Hand austreckt und keine Speise erhält unter den Augen seines Feindes, und (vergebens) durch die Straßen seiner Stadt irrt». Seltener finden sich daneben auch Segensformeln für den Fall künftigen Wohlverhaltens.

Jahresnamen, Königslisten, Annalen, Chroniken. Im 24. Jh. entstanden in Südmesopotamien absolute Datierungssysteme: Jedem Jahr wurde ein Name beigelegt, der sich auf ein markantes Ereignis bezog, die sukzessiven Jahresnamen wurden in Listen verzeichnet. Die namengebenden Ereignisse waren oft kultischer Art: wie z.B. die Einsetzung von Hohen Priester(inne)n, die Renovierung oder Errichtung von Tempeln, die Anfertigung von Kultbildern und Weihegaben. Mit den Jahresnamenlisten war ein Grundstein für die späteren Königslisten, Annalen und Chroniken gelegt. Letztere thematisierten Geschichte unter bestimmten Aspekten politischer oder religiöser Natur. So fokussiert die (nach ihrem Erstherausgeber so genannte) «Weidner-Chronik» das Wohl- oder Fehlverhalten der Könige gegen *Marduk*, den Stadtgott von Babylon. Ähnliches ist in den alttestamentlichen Königsbüchern zu beobachten: sie beurteilen die Herrscher Israels und Judas nach dem Maßstab des zentralisierten *Jahwe*-Kultes.

Monatsnamen, Kultkalender, Festbeschreibungen. Für die Rekonstruktion der jährlichen Kult- und Festzyklen stehen zunächst Wirtschaftstexte (insbesondere Opferlisten) und Monatsnamen zur Verfügung, die sich meist auf ein in dem betreffenden Monat gefeiertes Fest beziehen. Erst aus späterer Zeit und nur fragmentarisch sind Kultkalender für Babylon und Assur erhalten. Für einzelne Kultfeste sind ausführliche Beschreibungen überliefert; sie schildern den Verlauf der Handlungen und zitieren nach ihren Anfangsworten die dabei gesprochenen und gesungenen Texte. Die ältesten Beispiele stammen aus Ebla (24. Jh.) und Mari (Anfang 18. Jh.). In Emar gefundene Texte beschreiben mehrtägige Riten zur Einsetzung einer Hohen Priesterin des Wettergottes (13. Jh.). Die meisten und ausführlichsten Festbeschreibungen stammen aus der Hethiterhauptstadt Ḫattuša (16.–13. Jh.), weitere kennnen wir aus Ugarit (14./13. Jh.), Assur (2./1. Jt.) und dem hellenistischen Uruk (3./2. Jh.).

Briefe. Etwa um 2400 begann man sich der Schrift als Fernkommunikationsmittel zu bedienen, d.h. Briefe zu schreiben. Ihre Form gestaltete sich nach Zeit und Region unterschiedlich. Seit dem Beginn des 2. Jt.s werden akk. Briefe vor allem in Babylonien häufig mit Segensformeln eingeleitet wie z. B. «*Marduk* und *Zarpānītum* mögen Dich am Leben erhalten!». Manche Briefe beziehen sich auf religiöse Themen. So enthalten altbab. Briefe, vor allem aus Mari, die ersten Nachrichten über Prophetie, eine Institution, die man lange Zeit nur aus der Bibel kannte und mit dem Alten Israel verband. 1000 Jahre später liefern Briefe vom neuassyrischen Königshof sogar zeitgenössisches Vergleichsmaterial zur biblischen Prophetie. Neben den zur menschlichen Kommunikation dienenden Briefen gab es auch an Gottheiten gerichtete Briefe. Sie enthielten gewöhnlich Bitten an eine Gottheit und wurden vermutlich in deren Tempel hinterlegt. Assyrische Könige berichteten dem Reichsgott Assur in Briefform über ihre Feldzüge, denn als seine Vizeregenten sahen sie sich verpflichtet, das Reich zu bewahren und zu erweitern.

Beschwörungen und Gebete. Zu den Zeugnissen der alltäglichen Lebenspraxis zählen auch Beschwörungen. Sie waren Bestandteile magischer Rituale, die man in allen möglichen kritischen Lebenssituationen anwandte. Entsprechend vielfältig sind die Themen: Krankheit(sdämonen) und Totengeister, Skorpionstich und Schlangenbiß, Liebe und Potenz, Geburt, Beruhigung von Säuglingen, kultische Reinigung u. a. Bereits unter den ältesten «literarischen» Texten aus Šuruppag und Abū Ṣalābīḫ finden sich Beschwörungen in sum. Sprache. Formal sind sie an der charakteristischen Einleitungsformel erkenntlich, die etwa *en(e)nur(u)* lautete und wohl schon zur Zeit ihrer ersten schriftlichen Fixierung nicht mehr recht verständlich war. Von der Magie unterscheiden wir ein anderes «indirektes» Verfahren, um die Dinge in erwünschte Bahnen zu lenken: das Gebet. Beschwörung und Gebet stehen im Alten Orient nicht im Widerspruch zueinander, die Grenzen zwischen «Beschwörung» und «Gebet» sind fließend. Für Magie sind bestimmte Gottheiten zuständig (in älterer Zeit vor allem die Göttin *Ningirima*, später *Asalluḫi/Marduk*), an die man sich in der Beschwörung wendet oder auf die man sich darin beruft. Gebete sind in der Regel mit rituellen Handlungen verbunden. Bis ins 2. Jt. hinein scheinen

Beschwörungen – zumindest in Sumer – das gewöhnliche Mittel gewesen zu sein, individuelle Nöte mit übernatürlicher Hilfe zu bewältigen, erst dann treten – neben dem kollektiven Klagen um Städte und Heiligtümer (s. S. 33) – auch individuelle, an bestimmte Gottheiten gerichtete Klagen und Gebete in Erscheinung. Ersteren steht die «Herzberuhigungsklage (sum. *eršaḫuĝa*) nahe; sie dürfte sich im 2. Jt. entwickelt haben, doch stammt die Masse der Texte aus dem 1. Jt. Zu den frühesten akk. Gebeten zählen altbab. Gottesbriefe (s. S. 29) und Opferschaugebete, in denen vor allem die Götter *Šamaš* und *Adad*, aber z. B. auch die nächtlichen Gestirne (s. S. 51), gebeten werden, gute und verläßliche Vorzeichen in die Eingeweide des Opferschafes zu legen. Um die Mitte des 2. Jt.s kamen kurze Gebete als Siegellegenden in Gebrauch. Im späten 2. Jt. bildete sich eine relativ homogene Gattung individueller Bittgebete heraus. Die meisten beginnen mit der sum. Beschwörungsformel *en(enuru)* und/oder werden im Subskript als «Handerhebungsbeschwörungen» (sum. *šu-illa*) bezeichnet; für sie hat sich daher der moderne Terminus «Gebetsbeschwörungen» eingebürgert. Je nach Anlaß und Zweck des Gebets lassen sich Untergliederungen vornehmen, denen z. T. auch altorientalische Gattungsbezeichnungen entsprechen: neben allgemeinen Notsituationen, für die das *šu-illa* gedacht war, sind etwa zu nennen: durch Dämonen oder Schadenszauber bewirktes Unheil, Reinigung von eigener Sünde, Besänftigung des erzürnten Schutzgottes, Abwendung eines durch schlechte Vorzeichen angedrohten Unheils, Bitte um bestimmte Vorzeichen, Bitte um Segen für das Haus, Abwehr von Feldschädlingen. Im späten 2. und im 1. Jt. wurden die in den einzelnen Ritualen verwendeten (Gebets-)Beschwörungen zu «Tafelserien» zusammengefaßt wie z. B. *Utukkū lemnūtu* gegen «böse Totengeister», *Lamaštu* gegen die gleichnamige Kindbettfieberdämonin, *Maqlû* («Verbrennung») zur Abwehr von Schadenszauber (wobei Ersatzfiguren der Hexe verbrannt wurden) oder *Šurpu* («Verbrennung») gegen selbstverschuldeten «Fluch» (wobei kontaminierte Gegenstände verbrannt wurden).

Außerhalb Mesopotamiens sind Beschwörungen und Beschwörungsrituale aus Ebla (24. Jh., sum. und eblaitisch), aus der Hethiterhauptstadt Ḫattuša (16.–13. Jh., heth. und hurr.) und aus Ugarit (sum., akk., ugar., hurr.) überliefert. In Mesopotamien verwendete man auch fremdsprachige Beschwörungen, die z. T. im Laufe der Zeit zu unverständlichen «Abrakadabra-Formeln» entstellt wurden.

Divination (Wahrsagung), Astrologie und Astronomie. Die Wahrsagung ist ein Charakteristikum der altorientalischen Kultur und Lebenspraxis. Sie hat sich in einer Vielzahl von Texten in fast ausschließlich akk. Sprache niedergeschlagen. Die üblichste Methode, um Vorzeichen herbeizuführen, war die Leberschau, d. h. die Inspektion der Leber eines geopferten Schafes. Die ältesten Leberomina sind auf Tonlebern aus Mari erhalten, die den ominösen Befund auch plastisch darstellen (um 2000). Omina desselben Typs wurden im Laufe des 2. Jt.s zu Kompendien zusammengefasst, die teils über 100 Tafeln umfaßten: *Iškār bārûti* (Opferschau), *Enūma Anu Enlil* (Vorzeichen am Himmel: Mond, Sonne, Wetter, Sterne), *Šumma ālu* (Vorzeichen im Lebensumfeld des Menschen), *Iqqur īpuš* (ominöse Bedeutung der Zeit, zu der bestimmte Tätigkeiten stattfinden), *Šumma izbu* (Mißgeburten), *Sakikkū* (Krankheitsymptome am Körper des Menschen), *Alamdimmû* (Aussehen des Menschen, Physiognomie); nur fragmentarisch erhalten ist die Sammlung der Traumomina. Omina sind (wie Gesetze) als Kondizionalgefüge formuliert; so lautet z. B. ein altbab. Leberomen: «Wenn sich die rechte «Waffe» in der «Hürde» der Leber befindet und zum «Stadttor» blickt, wird die Göttin *Nanaja* eine Haremsdame, die der König liebt, aus dem Harem hinausgehen lassen». Die mesopotamische Omenliteratur wurde auch in Elam (Susa) und Ḫatti rezipiert, wo manche Texte ins Hethitische übersetzt wurden. In Ugarit fand man Omentexte (darunter beschriftete Tonlebern) in ugaritischer Schrift und Sprache.

Vor dem Hintergrund der Divination ist auch die Herausbildung von Astrologie und Astronomie zu sehen. Seit etwa dem 18. Jh. sind Sternkataloge überliefert. Gestirnbeobachtungen gingen in die erwähnte Omensammlung *Enūma Anu Enlil* ein. Aus langjährigen Beobachtungen wurden Verfahren zur Vorausberechnung von Gestirnbewegungen und Eklipsen abstrahiert und in Tabellenform niedergelegt. Die vom 7. bis 1. Jh. reichenden «Astronomical Diaries» verbinden tägliche Himmelsbeobachtungen mit Aufzeichnungen irdischer Ereignisse und Vorgänge. Seit dem späten 5. Jh. sind Geburtshoroskope belegt.

Medizin. Zahlreiche keilschriftliche Quellen beziehen sich auf den Wissens- und Anwendungsbereich, den wir Medizin nennen. Nach modernen Kriterien lassen sich eine naturwissenschaftliche und eine magische Behandlungsmethode unterscheiden. Für beide waren verschiedene, in der Praxis jedoch zusammenwirkende Spezialisten zuständig: der «Arzt» (sum. *azu* > akk. *asû*) und der «Beschwörer» (sum. *mašmaš* u. a., akk. *(w)āšipu*). Medizinische Inhalte (Namen von Körperteilen und Krankheiten, Beschreibung anatomischer Befunde, Rezepturen) finden sich größtenteils in lexikalischen (s. S. 40), magischen und divinatorischen Texten; rein medizinische Texte, die lediglich Symptome mit Diagnosen und/oder Rezepturen auflisten, sind selten. Eine häufige Diagnose lautet «Hand der Gottheit GN», denn Krankheiten wurden auf das Wirken von Gottheiten und Dämonen zurückgeführt. Diese Vorstellung ist auch noch im Neuen Testament greifbar: Nach Matthäus 8,28–34 (parallel: Markus 5,1–20 und Lukas 8,26–39) heilt Jesus «Besessene», indem er deren Dämonen auf eine Schweineherde überträgt, die sich dann ins Meer stürzt.

Hymnen auf Gottheiten, Tempel und Könige. Sumerische Hymnen auf Gottheiten und Tempel finden sich bereits unter den Texten aus Šuruppag und Abū Ṣalābīḫ (ca. 2600). Eine der ältesten, die bis ins 2. Jt. tradiert wurde, preist die Muttergöttin und ihr Heiligtum in Keš («Keš-Hymne»); sie ist bereits in Abū Ṣalābīḫ bezeugt. Dort wurden auch mehrere Manuskripte einer sumerischen Dichtung entdeckt, deren 70 unterschiedlich lange «Strophen» jeweils einen Kultort mit seiner Gottheit nennen, deren Name am Strophenende in Kombination mit *zame* «Preis» erscheint. Die erste «Strophe» ist *Enlil*, dem Oberhaupt des sum. Pantheons, und seiner Stadt Nippur gewidmet. Aufgrund der archaischen, z. T. wohl abkürzenden Notation ist zwar noch manches unsicher (z. B. ob der «Preis» den einzelnen Gottheiten gilt oder diese *Enlil* preisen), doch darf man in dem Werk wohl einen Vorläufer des Hymnenzyklus auf die Heiligtümer von Sumer und Akkad sehen, den um 2300 Enḫeduanna, die Tochter Sargons von Akkad, dichtete. Hymnen auf Gottheiten und seltener Tempel sind bis in die Spätzeit der Keilschriftkultur bezeugt. Unter den Königen der III. Dynastie von Ur wurden Hymnen auf die regierenden Könige, z. T. mit Bitten an eine Gottheit, eingeführt. Nach ihrem Muster wurden auch an den Höfen der nachfolgenden Dynastien von Isin, Larsa und Babylon Königshymnen gedichtet.

Klagelieder. Von den Klageliedern, die anläßlich der Zerstörung Urs entstanden, war schon die Rede (s. S. 15). Ähnliche «Städteklagen» wurden auch über Nippur, Uruk und Eridu verfaßt, doch erscheint in ihnen der historische Hintergrund unscharf und abstrahiert. Das Trauma der Stadt- und Tempelzerstörung bildete den Hintergrund der als *balaĝ* und *eršemma*, bezeichneten kanonischen Tempellieder, die etwa seit dem 18. Jh. bis in hellenistische Zeit bezeugt sind. Sie wurden ursprünglich vielleicht angestimmt, wenn Götterbilder ihre Tempel verlassen mußten (etwa bei Baumaßnahmen oder Festumzügen), doch scheinen sie später zum regelmäßigen Gottesdienst gehört zu haben. Ihre Bezeichnungen rühren von der Aufführungspraxis her: *balaĝ* bedeutet «Leier» (oder vielleicht «Trommel»), *eršemma* heißt etwa «Paukenklage». Beide Gattungen gehörten zusammen, einem *balaĝ* war in der Regel ein *eršemma* zugeordnet, manche ihrer *kirugu*, etwa «Verbeugung», genannten Abschnitte sind in beiden belegt. Neben den kollektiven Klageliedern entwickelte sich eine formal eng verwandte Gattung eher individuellen Inhalts namens *eršaḫuĝa* «Herzberuhigungsklage». Die Klagelieder waren in einem besonderen, Emesal genannten Dialekt des Sumerischen abgefaßt, der in anderen Literaturwerken Göttinnen und Frauen in den Mund gelegt wird. Ihre Aufführung oblag speziellen «Klagepriestern» (sum.

gala, akk. *kalû*). Außer den um Stadt und Tempel kreisenden Klageliedern finden wir seit dem Beginn des 2. Jt.s auch Klagen um verschwundene Gottheiten wie z. B. *Lil*, einen Sohn der Muttergöttin, dessen Mythos wir nicht kennen, vor allem aber um *Dumuzi/Tammuz*, den Geliebten der *Inanna/Ištar*, den sie als Ersatz für sich selbst der Unterwelt auslieferte. Auch einige individuelle Klagelieder um verstorbene Angehörige («Elegien» genannt) sind überliefert.

Liebes- und andere Lieder. Die Sexualität besaß in der altorientalischen Gesellschaft einen hohen Stellenwert. Sie steht denn auch im Mittelpunkt der meisten sum. und akk. Liebeslieder. Protagonisten der oft dialogisch aufgebauten Dichtungen, die manche Ähnlichkeiten mit dem «Hohen Lied» des Alten Testaments aufweisen, sind in erster Linie die Liebesgöttin *Inanna/Ištar* und der als Hirt porträtierte *Dumuzi/Tammuz*, später auch andere göttliche Paare wie *Muati* (= *Nabû*) und *Nanaja*, *Nabû* und *Tašmētu*. Als «Sitz im Leben» ist die «Heilige Hochzeit» (s. S. 114) der betreffenden Gottheiten anzunehmen, die üblicherweise zum Jahresbeginn gefeiert wurde. Sie steht auch im Mittelpunkt einiger Königshymnen, in denen der König in der Rolle des *Dumuzi* als Geliebter *Inanna*s erscheint («Šulgi X», «Šū-*Sîn* B», «Iddin-*Dagan* A»). Nur durch wenige oder singuläre Beispiele vertreten sind Gattungen wie Wiegen-, Arbeits- oder Trinklied.

«Weisheitsliteratur». Unter diesem Begriff werden traditionell recht unterschiedliche Werke zusammengefaßt: Sammlungen von Redewendungen (auch pejorativen Charakters), Sprichwörtern, Lebensweisheiten (z. B. der «Rat des Šuruppag») und Rätseln, die alle schon in frühdynastischer Zeit belegt sind; sum. Lehrgedichte, die gleichzeitig der Realienkunde und der Wortkunde dienten («Sumerische Georgika», «Preis der Hacke»); lehrhafte, z. T. humoristische Geschichten und Fabeln; Dialoge verschiedener Art, darunter Streitgespräche zwischen Schreibern und Rangstreitgespräche (z. B. zwischen «Hacke und Pflug», «Silber und Kupfer», «Sommer und Winter»), die durch eine Gottheit entschieden werden. Von großem religionsgeschichtlichem Interesse sind einige Werke, die sich mit dem Verhältnis «Mensch – Gott» und insbesondere dem Problem der göttlichen Gerechtigkeit auseinandersetzen. Aus altbab. Zeit stammen zwei verschiedene Dichtungen in sum. bzw. akk. Sprache, die beide als «Ein Mann und sein Gott» o. ä. betitelt wurden (ersterer auch als sum. «Hiob-Text»); formal handelt es sich um klagende bzw. hymnische Gebete mit narrativen Passagen. Gegen Ende des 2. Jt. entstand die «Babylonische Theodizee» (akk.), die nicht nur inhaltlich, sondern auch in ihrem dialogischen Aufbau dem alttestamentlichen Hiob-Buch ähnelt. Ihr steht die nach dem Inzipit *Ludul (bēl nēmeqi)* «Preisen will ich (den Herrn der Weisheit)» genannte Dichtung nahe (akk., Anfang 1. Jt.). Inhaltlich singulär ist der vielleicht im 8. Jh. entstandene «Pessimistische Dialog» (akk., s. S. 122).

Mythen und Epen. Die beiden aus der griechischen Antike stammenden Gattungsbegriffe wurden auf erzählende altorientalische Dichtungen übertragen, die ausschließlich von Göttern oder von Göttern und Menschen handeln. Manche wurden auch als «Legende» oder «Märchen» bezeichnet. Häufig schwanken die modernen Titel zwischen «Mythos» und «Epos». Die menschlichen Protagonisten dieser Erzählungen sind Gestalten der Urzeit wie z. B. der Held der Sintflutgeschichte, sagenhafte Herrscher einer (als historisch erachteten) Vergangenheit wie z. B. Gilgameš oder Etana, und zeitgenössische Herrscher. Der folgende Überblick trennt zwischen Dichtungen, die von Göttern und urzeitlichen Menschen handeln, und solchen die von historischen Gestalten handeln, wobei jedoch die traditionellen Titel beibehalten sind.

Die ältesten Göttererzählungen finden sich unter den Texten aus Šuruppag und Abū Ṣalābīḫ (ca. 2600). Unser Verständnis dieser Dichtungen ist noch sehr beschränkt. Das liegt einmal am archaischen Schriftsystem, in dem z. B. die Zeichenverteilung innerhalb einer Zeile noch frei, d. h. unabhängig von der Lesefolge, ist. Erschwerend kommt ein besonderer, damals offenbar für mythische Dichtungen typischer Zeichengebrauch hinzu, die «UD.GAL.NUN-Orthographie» (so benannt nach einer häufigen Zeichengruppe, die den Namen des Gottes *Enlil* repräsentiert); sie besteht darin, daß Zeichen aufgrund lautlicher, semantischer oder graphischer Assoziationen durch andere ersetzt werden (allerdings nicht konsequent). Ob es engere Zusammenhänge zwischen der UD. GAL.NUN-Orthographie und dem Inhalt der UD. GAL.NUN-Texte gibt, muß noch näher untersucht werden. Etwa 200 Jahre jünger als die Dichtungen aus Šuruppag und Abū Ṣalābīḫ ist ein in «Normalorthographie» notierter, ebenfalls erst teilweise verständlicher Schöpfungs- und Urzeitmythos auf einem Tonzylinder aus Nippur, der mit der «kosmischen Hochzeit» *Enlil*s und der Muttergöttin *Ninḫursaĝa* einsetzt. Leider wurden die Dichtungen der frühdynastischen Zeit bis auf wenige Ausnahmen nicht weitertradiert und dabei in jüngere Schreibweise übertragen, so daß diese Interpretationshilfe entfällt.

Die meisten sum. Mythen sind auf Manuskripten der altbab. Zeit überliefert (hauptsächlich 18. und 17. Jh.), doch wurden viele von ihnen bereits in der Ur III-Zeit (ca. 2100–2000) verfaßt. Seit altbab. Zeit sind auch Mythen in akk. Sprache überliefert. Manche sum. Mythen wurden später mit akk. Übersetzungen versehen oder auf Akkadisch nachgedichtet. Es folgt eine Übersicht über die wichtigsten und am besten erhaltenen sum.-babylonischen Mythen, geordnet nach ihren Hauptgestalten. Wenn nicht anders vermerkt, handelt es sich um sum. Texte aus der Ur III- und altbab. Zeit. Zum Inhalt s. S. 79ff.

Enki: «*Enki* und die Weltordnung»; «*Enki* und *Ninḫursaĝa*» (älter und irreführend auch «Sumerischer Paradiesmythos»); «*Enki* und *Ninmaḫ*»; s. a. *Inanna*, *Ninurta*.

Enlil: «*Enlil* und *Ninlil*»; «*Enlil* und *Sud*».

Erra: «*Erra*-Epos» (auch: «*Išum* und *Erra*»; akk., Anfang 1. Jt.)

Ḫarab: «*Ḫarab*-Mythos» (akk., späte Kopie, Entstehungszeit unsicher).

Inanna/Ištar: «*Inanna* raubt den großen Himmel»; «*Inanna* und *Enki*» (auch «*Inanna* raubt die *me*»); «*Inanna* und Ebiḫ»;

«*Inanna* und Šukalletuda»; «*Inanna*s Gang zur Unterwelt» mit akk. Nachdichtung «*Ištar*s Höllenfahrt» (Ende 2. Jt.).

Marduk: *Enūma eliš* (auch «Babylonisches Schöpfungsepos», akk., Ende 2. Jt.).

Martu: «*Martu*s Hochzeit».

Nergal: «*Nergal* und *Ereškigal*» (akk., Mitte 2. Jt.).

Ninĝišzida: «*Ninĝišzida*s Fahrt zur Unterwelt», «*Ninĝišzida* und *Ninazimua*».

Ninurta: *Lugale* und *Angim* (die beiden sum. Dichtungen über N.s Kampf gegen das Ungeheuer *Asag/Asakku* und seine triumphale Heimkehr nach Nippur wurden später mit akk. Übersetzungen versehen); «*Anzu*-Mythos» (akk., altbab.); «*Ninurta* und die Schildkröte».

Die «großen Götter» sind Protagonisten eines zweisprachigen (sum.-akk.) Menschenschöpfungsmythos, der nach der Abkürzung der Erstpublikation als «KAR 4-Mythos» bezeichnet wird. Der wohl aus dem 2. Jt. stammende Text ist in einem neuassyr. Manuskript bezeichnenderweise mit einer im Schulunterricht benutzten Liste elementarer Keilschriftzeichen kombiniert.

Die Sintflutgeschichte ist durch die unvollständig erhaltene «Sumerische Sintfluterzählung», das großenteils erhaltene «Atraḫasīs-Epos» (akk., altbab.) und die daraus geschöpfte XI. Tafel des Gilgameš-Epos (akk., Ende 2. Jt.) überliefert.

Die sum. Epik beginnt für uns mit einer Schülertafel aus Abū Ṣalābīḫ (26. Jh.), die eine nur teilweise verständliche Erzählung von Lugalbanda, dem sagenhaften König von Uruk und Vorgänger des Gilgameš, und seiner Gemahlin *Ninsu(mu)n* enthält. Auf den Untergang des Reiches von Akkade reagiert die sum. Dichtung «Fluch über Akkad» (um 2150). Sie schildert den Einfall der Gutäer als Folge der Hybris des Königs Narām-Sîn: Er forderte den Zorn *Enlil*s heraus, indem er dessen Heiligtum in Nippur zerstörte, da *Enlil* ihm die Zustimmung zum Bau eines Tempels für die Reichsgöttin *Inanna* in Akkad verweigert hatte. Ein sum. Kurzepos erzählt, wie König Utu-ḫeĝal von Uruk mit Hilfe *Enlil*s und anderer Götter über den letzten Gutäer-Herrscher Tirigan (um 2120) siegt. Die auf zwei originalen Tonzylindern überlieferte «Tempelbau-Hymne» des Stadtfürsten Gudea von Lagaš (um 2010) ist eigentlich ein episch ausgestalteter Baubericht. Auch die Dichtung «Ur-Nammus Tod» könnte man trotz Affinitäten zu Hymnus und Klagelied als Epos bezeichnen; sie erzählt, wie Ur-*Nammu*, der Begründer der III. Dynastie von Ur, nach seinem Tod in der Unterwelt eintrifft und zum Totenrichter erhöht wird. Die meisten sum. Epen kreisen um legendäre Könige von Uruk. Obgleich die erhaltenen Manuskripte fast alle jünger sind, entstanden diese Werke wenigstens teilweise schon unter den Königen der III. Dynastie von Ur, denn diese betrachteten sich als Nachkommen jener legendären Herrscher. «Enmerkar und der Herr von Aratta», «Enmerkar und Suḫkešdanna (moderner: Suḫgiranna)», «Lugalbanda I» (auch: «L. im Finstersten des Gebirges») und «Lugalbanda II» (auch: «L. und Anzu») handeln von Auseinandersetzungen zwischen Uruk und einer sagenhaften Stadt Aratta, die im östlichen Bergland lokalisiert wird, woher Sumer wichtige Rohstoffe (Edelsteine, Metalle) bezog. Beide sind Kultorte der *Inanna*, die natürlich Uruk und seine (mit ihr verwandten) Herrscher favorisiert. Leben, Taten und Tod des Königs Gilgameš und seines Dieners und Gefährten Enkidu sind Gegenstand der Epen «Gilgameš und Akka», «G. und Ḫuwawa» (2 Fassungen), «G. und der Himmelsstier», «G., Enkidu und die Unterwelt» und «Der Tod des G.». Die sum. Gilgameš-Epen dienten größtenteils als Vorlagen für akk. Werke. Die akk. Gilgameš-Epik setzt in altbab. Zeit ein und kulminiert gegen Ende des 2. Jt.s in der 12-Tafel-Version des gelehrten Dichters Sîn-lēqi-unnīni. In altbab. Zeit entstand auch das «Etana-Epos» um den sagenhaften ersten König von Kiš.

Den Königshymnen vergleichbare historische Epen über zeitgenössische Herrscher in akk. Sprache sind u. a. für Zimrīlīm von Mari (ca. 1774–1762) und Tukulti-Ninurta I. von Assur (1233–1197) überliefert. Weitere historische Dichtungen, die teils als Epen gelten können, teils autobiographisch stilisiert sind, handeln von den Akkad-Königen Sargon und Naram-Sîn.

Die hethitischen Mythen haben teils altanatolischen, teils hurritisch-mesopotamischen und teils nordwestsemitischen

Hintergrund. Zur ersten Gruppe gehören der Mythos vom Seeungeheuer *Illujanka* und dem Wettergott, der sich mit Hilfe der Göttin *Inara* und eines Menschen aus seiner Gewalt befreit, sowie Mythen über das Verschwinden und Wiederauffinden des Vegetationsgottes *Telipinu*, des Wettergottes, des Sonnengottes und anderer Gottheiten. Auf hurritischen und mesopotamischen Traditionen beruht der «*Kumarbi*-Zyklus», der von den ersten Göttergenerationen und den Kämpfen um die Vorherrschaft zwischen *Kumarbi* und dem Wettergott *Teššub* erzählt. 1983 wurde in Ḫattuša eine Gruppe zweisprachiger, hurritisch-hethitischer Tontafeln gefunden. Sie überliefern eine als «Lied von der Freilassung» betitelte epische Dichtung und eine Sammlung von Parabeln, die wohl nicht – wie von einigen Forschern angenommen – in erstere integriert waren. Ihr Schauplatz ist die Stadt Ebla, deren Herrscher vom Wettergott *Teššub* aufgefordert wird, die Bewohner einer unterjochten Stadt freizulassen. Auf syrische Vorbilder geht der fragmentarisch erhaltene «*Elkuniršа*-Mythos» zurück; hinter dem hethitisierten Namen der Hauptgestalt verbirgt sich der aus ugar. Mythen bekannte Göttervater *Il* mit dem Epitheton «Schöpfer der Erde».

In Ugarit wurden neben Keilschriftliteratur aus mesopotamischer Tradition auch einheimische Mythen und Epen in ugar. Schrift und Sprache gefunden. Ihre wichtigsten göttlichen Protagonisten sind der Wettergott *Baʿl* (*Baal*), seine Gefährtin (auch «Schwester» genannt) *ʿAnat-Aṯtart* und der Göttervater *Il* mit Gemahlin *Aṯirat* (*Aschera*). Die umfangreichste Komposition ist der 6 Tafeln umfassende «*Baal*-Zyklus» mit den Episoden «*Baal* und *Jamm*» (*Baal*s Kampf mit dem Meeresgott), «*Baal*s Palast» und «*Baal* und *Mōt*» (*Baal*s Kampf mit dem Todesgott). «*Jariḫ* und *Nikkal*» handelt von der Hochzeit des Mondgottes und enthält einen Hymnus auf die göttlichen Geburtshelferinnen *Kōṯarāt*. «*Šaḥar* und *Šalim*» erzählt, eingebunden in ein Ritual, wie *Il* mit zwei Frauen die «Lieblichen Götter» des Morgen- und Abendrots, *Šaḥar* und *Šalim*, zeugt (nach letzterem ist die Stadt Jerusalem benannt, deren Name etwa «Gründung des *Šalim*» bedeutet). Primär menschliche Protagonisten haben das «Keret(Aussprache unsicher)-Epos» und das «ʿAqhat-Epos».

Lexikalische Texte. Zeichen- und Wortlisten, in der Altorientalistik als «lexikalische Texte» bezeichnet, wurden schon mit der Schrift selbst, als Mittel zu ihrer Standardisierung und Weitervermittlung, geschaffen. Die ältesten Listen sind Kompilationen sinnverwandter Lemmata, die oft auch graphische Gemeinsamkeiten aufweisen: Amts- und Berufsbezeichnungen, Vögel, Fische, Bäume und Holzgeräte, Metalle und Metallobjekte, Gefäße, Orte und Gewässer. Neben diesen monothematischen Listen entwickelten sich komplexere, in verschiedene Sinnabschnitte unterteilte Kompilationen. Bereits im 24. Jh. finden wir in Ebla eine partiell zweisprachige Liste dieser Art. Im 2. Jt., wohl bedingt durch das Aussterben des gesprochenen Sumerisch, wurde die einspaltige Form erweitert: spaltenweise nebeneinander stehen eine «phonetische» Umschrift des sum. Lemmas, die Namen der zu seiner gewöhnlichen Schreibung verwendeten Keilschriftzeichen, das Lemma selbst und seine akk. Übersetzung. Außerhalb des akk. Sprachgebiets konnten weitere Übersetzungsspalten hinzutreten, im polyglotten Ugarit fanden sich sogar Fragmente einer viersprachigen Liste (sumerisch-akkadisch-hurritisch-ugaritisch).

Götterlisten: So konnte es kaum ausbleiben, daß man auch die Götterwelt lexikalisch zu erfassen suchte. Auffälligerweise geschah dies erst gegen 2600, viele Jahrhunderte nach Entstehung der Schrift und der ersten lexikalischen Listen. Dies stimmt mit der Beobachtung überein, daß in den ältesten Wirtschaftstexten die aus späterer Zeit bekannten Namen von Gottheiten weitestgehend fehlen. Erst in den archaischen Wirtschaftstexten aus Ur (ca. 2700) sind sie – meist als Bestandteile von Personennamen – in größerer Zahl präsent. Die ältesten Götterlisten stammen Šuruppag, die weitaus umfangreichste von ihnen ist auf einer beschädigten Tontafel erhalten, die in unversehrtem Zustand ca. 560 Namen umfaßte, wovon etwa 450 ganz oder teilweise erhalten sind. Zwei kleinere Tafeln, vielleicht Schulübungen, zählen Gottheiten auf, die als «51 (bzw. 28) Gottheiten, die Fisch essen» resümiert werden. Etwas jünger ist wohl die Götterliste aus Abū Ṣalābiḫ. Sie umfaßte über 400 Einträge, die sich größtenteils rekonstruieren lassen, da mehrere unterschiedlich gut erhaltene Textzeugen gefunden wurden. Soweit sich Ordnungsprinzipien erkennen lassen, sind die Gottheiten in diesen frühen Listen teils nach inhaltlichen, teils nach geographischen und teils nach formalen Gesichtspunkten angeordnet, d. h. nach ihren Kultorten, ihren Beziehungen zueinander oder aufgrund von Ähnlichkeiten der Namen und ihrer Schreibungen. Jüngere Manuskripte der Götterlisten aus Šuruppag und Abū Ṣalābīḫ sind nicht bekannt.

Gegen Ende des 3. Jt.s, in der Ur III-Zeit, wurde eine neue Götterliste verfaßt, die weitestgehend nach inhaltlichen Gesichtspunkten komponiert war und damit erstmals ein theologisch strukturiertes Gesamtbild des Pantheons entwarf. Die nach ihrem Erstbearbeiter benannte «Weidner'sche Götterliste» fand weite Verbreitung in Mesopotamien und darüber hinaus (auch im ägyptischen Amarna wurde ein Fragment gefunden). Sie wurde über 1500 Jahre lang studiert und abgeschrieben, wobei die Schreiber zusätzliche Namen einschoben. Insgesamt umfaßte sie etwa 270 Einträge. Im syrischen Emar entstand eine zweispaltige Fassung mit hurr. Entsprechungen der einzelnen Namen, in Ugarit sind Fragmente einer dreispaltigen Fassung belegt, die den Originaleinträgen hurr. und ugar. Entsprechungen beigesellt. Eine spätere Rezension aus Assur erweitert die Originaleinträge (2. Spalte) jeweils um eine Ausspracheglosse (1. Spalte), die Namen der verwendeten Keilschriftzeichen (3. Spalte) und einen weiteren Götternamen (4. Spalte), der den Originaleintrag erklärt, da viele Gottheiten mehrere, z. T. wenig gebräuchliche Namen hatten (s. S. 44).

Etwas später als die «Weidner-Liste» – vielleicht im Babylon der Ḫammurapi-Zeit (18. Jh.) – entstand die Götterliste «*An = Anum*» (so benannt nach der Anfangszeile der jüngeren zweispaltigen Fassung). «*An = Anum*» ist wie die Weidner-Liste nach inhaltlichen Prinzipien aufgebaut. Der älteste publizierte Textzeuge enthält 473 Einträge. Die ältere Fassung wurde später durch einige Umstellungen verändert und durch Einschübe und einen Anhang mit Namen des Gottes *Marduk* erweitert. Außerdem wurde eine zweite Spalte hinzugefügt, in der die Einträge der ersten Spalte durch andere Götternamen, genealogische Angaben oder Funktionsbezeichnungen erklärt sind. Am Ende einzelner Abschnitte wurden resümierende Rubriken eingeschoben wie etwa «2 Töchter des (Mondgottes) *Sîn*» oder «5 Schutzgottheiten des (Tempels) Egalmaḫ». Einzelne Namen wurden mit Ausspracheglossen – gewöhnlich in kleinerer Schrift – versehen, eine eigene Spalte war dafür nicht vorgesehen. In ihrer «kanonischen» Form, die sich um 1200 herausbildete, umfaßte «*An* = *Anum*» etwa 2000 Einträge und war damit zur umfangreichsten altorientalischen Götterliste geworden.

Neben der frühen Fassung von *An* = *Anum* sind in altbab. Zeit durch Texfunde aus Isin, Nippur und Mari verschiedene lokale Götterlisten bezeugt. Die gegen Ende des 2. Jt.s entstandene Liste *An* = *Anum ša amēli* zählt 152 Götternamen auf, die alle als Erscheinungsformen von 19 Hauptgottheiten erklärt werden nach dem Muster «*Enbilulu* = *Marduk* (als Gott) der Bewässerungskanäle». Spezifisch assyrische Züge trägt eine hauptsächlich durch Textfunde aus dem südosttürkischen Sultantepe (dem assyrischen Ḫuzirina) bezeugte Liste, an deren Spitze der assyrische Stadt- und Reichsgott Assur steht; sie umfaßte in vollständigem Zustand etwa 200 Einträge. Die «Emesal-Liste» schließlich ist ein lexikalisch-grammatisches Kompendium zum Erlernen des in Kultliedern verwendeten sum. «Emesal-Dialekts» (s. S. 33); der erste Abschnitt besteht aus über 100 Götternamen in Normal- und Emesal-Form, die in einer dritten Spalte erklärt sind. Emesal-Formen von Götternamen sind z. B. *Mullil* für *Enlil*, *Umunmersi* für *Ninĝirsu* oder *Gašananna* für *Inanna*.

Kulttopographische Listen: Zu den lexikalischen Texten zählen auch geographische und kulttopographische Listen. Letztere zählen Orte und Heiligtümer auf, erklären deren üblicherweise sum. Namen auf Akkadisch und nennen die dort verehrten Gottheiten. Kulttopographische Listen sind uns für Nippur, Babylon und Assur überliefert (letztere unter der modernen Bezeichnung «Götteradreßbuch von Assur»).

Kommentare. Im 1. Jt. wurden zu verschiedenen älteren Werken Kommentare verfaßt. Es handelt sich dabei überwiegend um Worterklärungen, doch gab es auch «Kultkommentare». Diese stellen den in einem Ritual verwendeten Materialien und Gerätschaften jeweils einen Götternamen gegenüber, ohne die Beziehung näher zu erläutern. Möglicherweise steht im Hintergrund eine allegorische Auslegung des Ritualgeschehens.

Onomastikon. Altorientalische Personen- und Götternamen sind in aller Regel bedeutungsvoll. Sie wurden von den Schreibern semantisch analysiert und dementsprechend geschrieben, z. B. indem die einzelnen Namensbestandteile durch Wortzeichen dargestellt wurden. Für längere Personennamen benutzte man oft familiäre Kurzformen (Hypokoristika). In vollständiger Form bestehen die meisten Personennamen entweder aus einer genitivischen Wortverbindung wie z. B. akk. *Warad-Sîn* «Diener des «(Mondgottes) *Sîn*», oder aus ganzen Sätzen wie z. B. akk. *Sîn-iddinam* «*Sîn* hat mir (einen Sohn) gegeben», *Sîn-aḫḫē-erība* «*Sîn* hat mir (die verstorbenen) Brüder ersetzt» (in biblischer Überlieferung «Sanherib»). Da Personennamen gewöhnlich ein «theophores Element» – d. h. den Namen einer Gottheit, eines Kultortes oder auch Kultgegenstandes – enthalten, kann ihre inhaltliche Analyse und statistische Auswertung zur Religionsgeschichte beitragen.

3. Allgemeines zu den Gottheiten des altorientalischen Polytheismus

Götter und Menschen. Kult und Ritual kennen zwar scharfe Grenzen zwischen sakraler und profaner Sphäre, doch sind Götter und Menschen komplementäre Wesen, Überschneidungen und Übergänge möglich. Einer zuerst im altbab. «Atraḫasīs-Epos» überlieferten Vorstellung zufolge wurde der Mensch aus Lehm erschaffen, der mit Fleisch und Blut eines geschlachteten Gottes vermengt worden war. Der Mensch hat somit teil am Göttlichen. Sein in der Unterwelt fortlebender Totengeist ist ein quasi-göttliches Wesen. «Gott werden» ist im Hethitischen ein (allerdings nur für Könige belegter) Ausdruck für «sterben». König Gilgameš von Uruk, der – falls historisch – im 30. Jh. regiert haben könnte, wurde um 2600 als Gott verehrt, denn sein Name erscheint in der Großen Götterliste von Šuruppag. In den Epen gilt die Göttin *Ninsu(mu)n* als seine Mutter; er ist, wie es dort heißt, «zu zwei Dritteln Gott und zu einem Drittel Mensch». König Narām-Sîn von Akkade (ca. 2254–2200) ließ sich zu Lebzeiten als Gott verehren, spätere Könige folgten ihm darin. Nördlich von Mosul kam 1975 bei Straßenbauarbeiten eine Originalinschrift Narām-Sîns zu Tage, in der er seine Vergöttlichung wie folgt darstellt: «Narām-Sîn, der Mächtige – als die vier Weltufer ihn gemeinsam befehdeten, schlug er dank der Liebe, mit der *Ištar* ihn liebte, 9 siegreiche Schlachten in einem Jahr. Weil er in der Not die Fundamente seiner Stadt gefestigt hatte, erbaten ihn sich die Bewohner seiner Stadt (Akkad) von (der Gottheit) GN in (der Stadt) ON zum Gott ihrer Stadt Akkad, und inmitten von Akkad erbauten sie ihm ein Haus (d. h. einen Tempel)». Das achtmal wiederholte Syntagma «von GN in ON» nennt jeweils eine Gottheit GN und ihren Kultort ON.

Namen. Götternamen (Theonyme) werden in der Regel durch das vorangestellte Zeichen AN markiert, das einen Stern abbildet. Als Wortzeichen steht es für «Himmel» (sum. *an*) bzw. den Himmelsgott *An* und für «Gott» (sum. *diĝir*). Möglicherweise ging der Gebrauch als Determinativ von der schon in den ältesten Texten belegten Schreibung AN.MUŠ$_3$ für den Namen der Venusgöttin *Inanna* aus, worin AN auf ihren Himmels- oder Gestirnsaspekt verweist, während MUŠ$_3$ ihr Emblem, das sog. «Schilfringbündel», abbildet. Das Gottesdeterminativ wird durch ein hochgestelltes d transliteriert, also z. B. ^{d}inanna, ^{d}en-ki.

Viele Gottheiten besitzen mehrere Namen, einerseits aufgrund von verselbständigten Titeln oder Beiwörtern, andererseits als Resultat der Verschmelzung ursprünglich verschiedener Gottheiten (Synkretismus). Ein Beispiel für ersteren Fall bietet der aus der Bibel als Konkurrent des israelitischen Nationalgottes bekannte *Baal*: Hinter der eingedeutschten Namensform steckt nordwestsem. *baʿl(u)* «(der) Herr», ein schon in den Ebla-Texten (24. Jh.) bezeugter Titel des Wettergottes. Sein eigentlicher Name lautete nordwestsemitisch *Haddu* oder *Hadad*, akk. *Addu* oder *Adad*. Synkretismus ist bei einigen Hauptgestalten des babylonischen Pantheons vorauszusetzen, die einen sum. und einen akk. Namen tragen wie z. B. *Enki/Ea* (Wasser- und Weisheitsgott), *Nanna/Su'en* > *Sîn* (Mondgott), *Utu/Šamaš* (Sonnengott), *Inanna/Ištar* (Venusgöttin), *Iškur/Adad* (Wettergott) u. a. Vergleichbare Fälle griech.-lat. Entsprechungen sind aus der klassischen Antike geläufig: *Zeus/Jupiter*, *Hera/Juno*, *Artemis/Diana*. Am Ende des «Babylonischen Schöpfungsepos» *Enūma eliš* wird *Marduk*, den die Götter zu ihrem König erhoben haben, unter 50 Namen gepriesen. Jeder Name wird in einer Strophe auf lautlicher und graphischer Ebene ausgedeutet. Die Zahl der Namen ist nicht nur Ausdruck von *Marduk*s Machtfülle, sie weist auch darauf hin, daß er den Rang des sum. Götterkönigs *Enlil* eingenommen hatte, dessen Symbolzahl eben die 50 war.

Der Name gehört nach altorientalischer Vorstellung zum Wesen der Dinge und erst recht einer menschlichen oder göttlichen Person. Götternamen in gesprochener und geschriebener Form waren Gegenstand theologischer Reflexion und Spekulation, wie nicht nur die Götterlisten oder das *Enūma eliš* zeigen. So heißt es bereits in der ca. 2100 entstandenen sum. Tempelbauhymne des Stadtfürsten Gudea von Lagaš über den Mondgott, daß sein Name *Su'en* (jünger *Sîn*) «nicht zu lösen» (d. h. nicht zu deuten) sei.

Bei Götternamen sind wie bei Personennamen sprach- und kulturspezifische Eigenheiten zu beobachten. Besonders stereotyp ist die Bildeweise der sum. Götternamen: Die allermeisten sind Zusammensetzungen aus *Nin-*, *Lugal-* oder *En-* und einem folgenden Nomen. *lugal* und *en* bedeuten beide etwa «König, Herr», *nin* ist deren weibliche Entsprechung und bedeutet

«Herrin, Königin». Es handelt sich entweder um appositionelle oder genitivische Verbindungen, also «Herr(in) X» bzw. «Herr(in) von X», wobei der erstere Typ ursprünglicher ist. Einige Götterpaare tragen miteinander korrespondierende Namen, in denen sich *En-* und *Nin-* gegenüberstehen: so z. B. die Urgottheiten *Enki – Ninki* «Herrin/Herr Erde» oder der Götterkönig *Enlil* mit seiner Gemahlin *Ninlil*. Das Keilschriftzeichen, mit dem *nin* geschrieben wird, ist mit dem Zeichen für «Frau» (Piktogramm des Schamdreiecks) zusammengesetzt und weist somit auf weibliche Konnotation hin; mit demselben Zeichen wird das Wort für «Schwester» geschrieben. Dennoch beziehen sich die meisten mit *Nin-* gebildeten Götternamen nicht, wie man erwarten würde, auf weibliche, sondern auf männliche Gottheiten! Dieses Problem hat bislang keine allgemein anerkannte Lösung gefunden. Mögliche Erklärungen gehen dahin, daß das Wort *nin* einst geschlechtsneutral war oder daß alle *Nin*-Gottheiten ursprünglich weiblich waren. Eine typische Bildeweise ugaritischer Götternamen ist die Verbindung zweier Substantive: Beispielsweise heißt der dem mesopotamischen *Enki/Ea* entsprechende Handwerkergott *Kōṯar-wa-Ḫasīs*, was etwa «Kreativität und Verstand» bedeutet.

Kosmisch-funktionale Aspekte. Die Gottheiten stellen in der Regel jeweils eine kosmische Entität dar. Der durch Gottheiten repräsentierte Kosmos, wie er sich in den Götterlisten manifestiert, umfaßt Natur, Mensch und Kultur einschließlich abstrakter Aspekte: Himmel (*An/Anum*), Erde (*Uraš*), Unterwelt (*Ereškigal, Nergal*), Meer (*Nammu*), Süßwasser (*Enki/Ea*), Feuer (*Girra*), Mond (*Nanna/Sîn*), Sonne (*Utu/Šamaš*), Venusstern (*Inanna/Ištar*), Sexualität und Fruchtbarkeit (*Inanna/Ištar, Nanaja*), Schwangerschaft und Geburt (Muttergöttin), Sturm und Gewitter (*Iškur/Adad*), Wildtiere (*Sumuqan/Šakkan*), Fische und Vögel (*Nanše*), Fischerei (*Adagbir*), Schlangen (*Neraḫ*), Ackerbau (*Ninurta, Enkimdu*), Bewässerung (*Enbilulu*), Getreide (*Nissaba/Ezinu/Ašnan*), Ziegel (*Kulla*), Baukunst (*Mušdama*), Weberei (*Uttu*), Töpferei (*Nunurra*), Schmiedekunst (*Ninagal, Kusigbanda*) u. a. Handwerksberufe, Musik (*Lumḫa*,

Dunga) und Musikinstrumente (z. B. *Inanna*s Leier *Ninigizbarra*), Kultgeräte und Tempelteile, Schrift (*Nissaba, Nabû*), Magie (*Ningirima, Enki, Asalluḫi/Marduk*), Heilkunst (*Gula*), Opferschau (Sonnengott, Wettergott u. a.), Träume (*Mamu* u. a.) und Traumdeutung (*Nanše*), «Wahrhaftigkeit» (*Niĝ-gina/Kīttu*) und «Gerechtigkeit» (*Niĝ-sisa/Mīšāru*), (Krankheits-)Dämon(inn)en und Totengeister. Manche Gottheiten lassen sich nicht direkt mit einer kosmischen Entität verbinden, sondern nur über eine andere Gottheit, als deren Gemahl(in), Kind oder Diener sie erscheinen. Mit dem kosmischen Primäraspekt sind oft weitere Funktionen verknüpft: So dürfte die Funktion des Sonnengottes als oberster Richter mit seinem Licht, das Verborgenes sichtbar macht, und seiner Bahn, von der aus er alles sieht, zusammenhängen. Zuweilen repräsentiert ein Götterpaar Haupt- bzw. Nebenaspekt einer Entität: so ist die Gattin des Sonnengottes *Utu/Šamaš* wohl das (morgendliche) «Sonnenlicht», während der Gemahl der Gefängnisgöttin *Nungal* den sprechenden Namen *Bird/tu* «Fessel» trägt. Schöpfungsmythologisch lassen sich Gottheiten des aktuellen Kosmos von Urgottheiten einer überwundenen Vorwelt unterscheiden, die man sich als «gefangen» und in der Unterwelt hausend vorstellt.

Konzepte göttlicher Weltordnung und -lenkung. Vorstellungen über die Einrichtung und Lenkung des Kosmos haben sich bei den Sumerern in einer eigenen Begrifflichkeit niedergeschlagen. Ihre zentralen Termini sind *me* und *nam*. Ersterer wird konventionell je nach Kontext als «göttliche Kräfte» oder «Kultordnungen» übersetzt. Er bezeichnet die «Bestandteile» oder «Institutionen» der Welt. Etymologisch ist er vielleicht mit dem Verbum *me* «sein» oder einem Wort für «selbst» identisch. Das akk. Äquivalent lautet *parṣū*, ein Pluralwort, dessen semitische Wurzel etwa «abtrennen» bedeutet. Die *me* wurden vor allem mit den Gottheiten *Inanna* und *Enki* verknüpft. Bereits in den ältesten mythologischen Texten aus Šuruppag und Abū Ṣalābīḫ ist von *Inanna* und ihren 50 *me* die Rede. Der Mythos «*Inanna* und *Enki*» erzählt, wie *Inanna* dem trunkenen *Enki* die *me* ablistet und in ihre Stadt Uruk schafft. In diesem Text werden über hundert *me* namentlich aufgezählt; die folgende, sich an die Reihenfolge des Originals haltende Auswahl mag einen Eindruck von der inhaltlichen Breite des Begriffs vermitteln: *en*-Priestertum, Göttlichkeit, Thron des Königtums, Szepter, Hirtentum, Königtum, *išib*-Priestertum, *lumaḫ*-Priestertum, Wahrheit, Schwert und Dolch, schwarzes Kleid, buntes Kleid, Nackenfrisur, Kultstandarte, Flut, Geschlechtsverkehr, Küssen, Prostitution, Kultdirne, lautes Sprechen, flüsternde Verleumdung, Musik, Alter, Bosheit, Rechtschaffenheit, Unterwegssein, Wohnsitz, Tischlerhandwerk, Mattenflechterhandwerk, Wissen, Ehrfurcht, Schweigen, Familie, Streit, Sieg, Beratung, Entscheidung, Pauke, Trommel.

Der Terminus *nam* erscheint in fester Verbindung mit dem Verbum *tar* «abtrennen»; die Kombination wird konventionell durch «Schicksal bestimmen» wiedergegeben, im Akk. entspricht dem *šīmta šiāmu* «die Bestimmung bestimmen». Oft ist von «Schicksalsbestimmung» in Zusammenhang mit neu installierten Personen und Dingen die Rede, denen Ort oder Funktion in der Weltordnung zugewiesen wird. Ein «gutes Schicksal bestimmen» bedeutet etwa «segnen». Da ein wesentlicher Aspekt des menschlichen Schicksals der Tod ist, war *Namtar* «Schicksal» auch der Name des Todesdämons. Die Macht der Schicksalsbestimmung eignete im Prinzip allen großen Göttern, insbesondere aber *Enlil*. Die von *Enlil* verwaltete Weltordnung verdichtete sich im Mythos zu einer in seinem Besitz befindlichen «Tafel der Schicksale». Im *Enūma eliš* übernimmt sie *Marduk* aus dem Besitz der Urgöttin *Tiāmat* und ihres Heerführes *Qingu*.

Eine andere Konzeption finden wir in Kleinasien in Gestalt der Göttinnen *Gulšeš*, die wie die griech. *Moiren* und die lat. *Parzen* als eine Art grauer Eminenz im Hintergrund der großen Götter die Schicksale bestimmen.

Erscheinungsformen, Attribute und Symbole. Das Verhältnis zwischen den altorientalischen Gottheiten und den kosmischen Entitäten, die sie repräsentieren, ist ambivalent. Sie können sich in ihnen manifestieren, sind jedoch nicht mit ihnen identisch.

Die mythologische Einleitung der astronomischen Omenserie *Enūma Anu Enlil* stellt ausdrücklich fest, daß Sonne und Mond von *An* und *Enlil* als Zeitmesser geschaffen wurden. Hinter den kosmischen Erscheinungsformen stehen göttliche Personen, die man in verschiedener Gestalt abbilden konnte. So wird der Mondgott *Nanna/Sîn*, dessen primäre Erscheinungsform der Himmelskörper ist, oft menschengestaltig dargestellt. Er konnte auch als Stier, dessen Hörner die Neumondsichel bilden, als Hirt der Sternenherde oder als «großes Himmelsboot» und dessen Lenker aufgefaßt werden. Während höhere Gottheiten in reiner Menschengestalt dargestellt werden, erscheinen niedrigere, die wir auch «Dämonen» nennen, als Mischwesen aus tierischen und menschlichen Komponenten. Die menschenköpfigen Stierkolosse, die einst die Tore neuassyrischer Paläste hüteten, sind gute «Schutzdämonen». Die böse Dämonin *Lamaštu*, Verursacherin des Kindbettfiebers, stellte man sich als Scheusal mit dem Kopf einer Löwin, Eselsohren, Adlerkrallen und zuweilen auch Flügeln vor.

Ein weit verbreitetes Merkmal anthropomorph dargestellter Gottheiten ist die «Hörnerkrone», eine mit Rinderhörnern verzierte Kopfbedeckung, die sich um die Mitte des 3. Jt.s in Sumer herausgebildet hatte (Abb. 3). Ein aufwendig gefertigtes, in der Akkad-Zeit (23./22. Jh.) auch von Menschen getragenes Wickelgewand wurde in den folgenden Jahrhunderten ikonographisches Kennzeichen von Gottheiten.

Altorientalischen Vorstellungen zufolge sind göttliche Wesen von einem furchterregenden Glanz umgeben, der sum. *me-lam*, akk. *melammu*, *šalummatu* oder einfach *puluḫtu* «Schrecken» genannt wird. Vom Riesen *Ḫuwawa*, der im Auftrag des Gottes *Enlil* den Zedernwald bewachte, erzählt das Gilgameš-Epos, daß ihn sieben solcher Auren umgaben. Auch Könige zeichnete dieser Glanz aus: So behaupten die Inschriften assyrischer Könige, die als Vizeregenten des Reichsgottes Assur in den Krieg zogen, daß ihr «Schreckensglanz» die Feinde überwältigt habe.

Darüber hinaus besitzen die Gottheiten individuelle Merkmale, Attribute und Embleme oder Symbole. So hat *Isimud/Usmû*, der «Wesir» des *Enki/Ea*, 2 (oder 4) in entgegengesetzte

Richtungen blickende Gesichter wie der römische *Janus*. Auch *Marduk* besitzt laut *Enūma eliš* vier Augen. Mit der Göttin *Inanna* war das «Schilfringbündel», eine Standarte aus Schilfrohr, verknüpft, denn es ist das Urbild des Keilschriftzeichens, mit dem man ihren Namen schrieb. Auf eine ähnliche Standarte geht das Keilschriftzeichen ŠEŠ zurück, mit dem man den Namen des Mondgottes *Nanna* (^{d}ŠEŠ+NA > ^{d}ŠEŠ.KI) sowie den Namen seiner Kultstadt Ur (ŠEŠ.UNUG^{ki} «Wohnstatt des Mondgottes») schrieb. Sonnengott, Mondgott und Venusgöttin werden ikonographisch durch stilisierte Darstellungen der betreffenden Himmelskörper symbolisiert, der Wettergott durch ein Paar oder Bündel stilisierter Blitze, die er auch als Attribut in der Hand halten kann. Ein (Kuh-)Uterus ist wohl das Urbild des «omegaförmigen» Symbols der Muttergöttin. Weitere Attribute oder Symbole sind z. B. die Säge des Sonnengottes *Utu/Šamaš*, der Spaten und der Schlangendrache des *Marduk*, der Griffel des Schreibergottes *Nabû*, der Hund der Heilgöttin *Gula*, die Löwen der *Inanna/Ištar*, die löwenköpfige Keule des *Nergal*, die Schlange des *Ištaran*, der Skorpion der *Išḫara* und der Ziegenfisch des *Enki/Ea*.

Götterzahlen. Einigen bedeutenderen Gottheiten waren Zahlen zugeordnet, die zur Schreibung ihrer Namen dienen konnten. Ausgangspunkt war wohl 30 als normierte Zahl der Monatstage: Sie ließ sich mit dem Mondgott in Verbindung bringen und konnte seit altbab. Zeit zur Schreibung seines akk. Namens *Sîn* verwendet werden. Die etwas später aufkommende Verwendung der Zahl 15 für den Namen seiner Tochter *Ištar* scheint darauf bezogen sein. Der Name des Wettergottes *Iškur/Adad* wurde seit mittelbabylonischer Zeit häufig mit dem Zahlzeichen für 10 geschrieben; dies könnte daraus zu erklären sein, daß das betreffende Keilschriftzeichen auch für sum. *umun* «Herr» steht, dessen nordwestsem. Äquivalent *Baʿl* (*Baal*) ein sehr gebräuchlicher Titel des Gottes war. Mit dem Sonnengott *Utu/Šamaš* war die 20 assoziiert. Hier und anderen Fällen zeigt sich eine Verbindung zum monatlichen Kultkalender, da der 20. Monatstag gemeinhin dem Sonnengott heilig war.

Sterne. Neben den großen Himmelskörpern Sonne, Mond und Venus, denen Hauptgestalten des Pantheons entsprachen, fanden in Babylonien auch die anderen Sterne früh Beachtung. In lexikalischen Listen der altbab. Zeit findet sich der erste Sternkatalog. Etwa zur selben Zeit bittet ein Opferschauer in einem nächtlichen Gebet: «*Girra* (Feuergott), *Erra* (Unterweltsgott), Bogen, Joch, *šitaddarum* (= Orion, wörtliche Bedeutung unsicher), Drachen, Wagen, Ziege, Wisent und Schlange mögen herzutreten! In die Opferschau, die ich durchführen werde, in das Lamm, das ich opfern werde, legt die Wahrheit!» Die hier aufgezählten Sternnamen werden zwar ohne Gottesdeterminativ geschrieben, erscheinen aber als selbständige göttliche Wesen. Die spätere Entwicklung ging dahin, alle «gewöhnlichen» Gottheiten mit Sternen und Sternbildern zu assoziieren, die dann oft einfach den Namen der entsprechenden Gottheit trugen. Der Sternhimmel wurde in drei «Wege», d. h. Zonen, eingeteilt, die den Göttern *Anu*, *Enlil* und *Ea* unterstanden. Besondere Beachtung fand der jährliche Lauf der Sonne durch den Sternenhimmel, er wurde zunächst in 17, dann in 12 durch Sternbilder markierte Abschnitte eingeteilt. Man hat in Hinblick auf die zunehmende Bedeutung der Sterne, nicht zuletzt auch für Wahrsagezwecke, von einer «Astralisierung» der altorientalischen Religion im 1. Jt. gesprochen. Die Beschäftigung mit dem Sternenhimmel wurde auch von den Griechen und Römern als Charakteristikum der mesopotamischen Kultur wahrgenommen, «Chaldäer» war etwa gleichbedeutend mit «Sterndeuter». Viele heutige Sternnamen gehen letztlich auf altorientalische Bezeichnungen zurück, die ins Aramäische, Arabische, Griechische, Lateinische und weiter in moderne Sprachen übertragen wurden, wobei sich zuweilen Mißverständnisse und Umdeutungen ereigneten. Bereits die Tatsache, daß der Venusstern sowohl im Alten Orient als auch im Mittelmeerraum mit einer Liebesgöttin assoziiert wurde (*Inanna/Ištar* bzw. *Aphrodite/Venus*), dürfte nicht auf Zufall beruhen. Parallelen sind auch bei den Planeten Mars und Jupiter zu erkennen, die in Mesopotamien mit dem Unterwelts- und Kriegsgott *Nergal* bzw. dem Götterkönig *Marduk* verbunden waren. Von den Sternnamen des oben zitierten «Gebets an die Götter der Nacht» hat sich der «Wagen» durch verschiedene Übersetzungen hindurch erhalten. Die 12 den Lauf der Sonne markierenden Sternbilder wurden von den Griechen als *zodiakòs kýklos* «Tierkreis» rezipiert, ihre altorientalischen Namen sind übersetzt (und z. T. umgedeutet) noch heute in Gebrauch.

Geschlecht. Anthropomorphe Gottesvorstellungen implizieren die Geschlechtlichkeit der Gottheiten und damit auch die Assoziation kosmischer Entitäten mit einem der beiden Geschlechter. Solche Assoziationen sind kulturspezifisch. In Mesopotamien waren z. B. Himmel (*An/Anum*), Sturm und Gewitter (*Iškur/Adad*), Mond (*Nanna/Sîn*), Sonne (*Utu/Šamaš*), Feuer (*Girra*), Süßwasser (*Enki/Ea*), Ackerbau (*Ninurta*) und die meisten Handwerkszweige mit männlichen Gottheiten assoziiert, Meer (*Nammu/Tiāmat*), Getreide (*Nissaba/Ašnan*), Medizin (*Gula*), Traumdeutung (*Nanše*), Weberei (*Uttu*), Brauwesen (*Ninkasi*) und Gefängnis (*Nungal*) mit weiblichen. Der Venusstern war bei den Sumerern wohl von Hause aus mit einer Göttin assoziiert, im Semitischen hingegen mit einer männlichen Gottheit als Abendstern und einer weiblichen als Morgenstern; in Mesopotamien überwog jedoch die weibliche Deutung. Die Sonne galt außerhalb Mesopotamiens z. T. als weiblich, das Meer als männlich (Ugarit, Kleinasien). Einen Sonderfall stellt die Unterwelt dar, die in Mesopotamien mit einer weiblichen <u>und</u> einer männlichen Hauptgestalt besetzt war. Beide entstammten wohl verschiedenen Traditionen, die im Mythos «*Nergal und Ereškigal*» zusammengeführt wurden. Selten sind diachrone Veränderungen zu beobachten – sei es, daß sich das Geschlecht einer Gottheit wandelt wie bei der Braugöttin *Ninkasi* oder *Lisi(n)*, einer Tochter der Muttergöttin, die später (auch) als männlich angesehen wurden, oder sei es, daß die Zuständigkeit auf eine Gottheit anderen Geschlechts übergeht wie bei der Schreibkunst: Ihre frühere Patronin, die Getreidegöttin *Nissaba*, wurde in dieser Funktion von *Nabû*, einem «Emporkömmling» des 2. Jt.s, verdrängt.

Familie, Hofstaat und andere Gruppierungen. Die grundlegenden Strukturprinzipien des mesopotamischen Pantheons sind Familie und Hofstaat. Das bedeutet zunächst, daß die Gottheiten zu Paaren geordnet sind. Dabei dominiert meist der eine Part, während der andere oft nur eine systembedingte Komplementierung darstellt oder einen sekundären Aspekt der vom Partner repräsentierten Entität vertritt. Eine hochrangige Gottheit ohne Ehepartner (und nach vorherrschender Tradition ohne Kinder) ist *Inanna/Ištar*, die Göttin des Venussterns, der Sexualität und des Krieges. Es handelt sich aber nur um eine scheinbare Ausnahme, denn zum einen ist sie im Mythos mit einem jugendlichen Geliebten, dem Hirten *Dumuzi/Tammuz*, liiert, zum andern repräsentiert sie gerade die mädchenhaften, vorehelichen Aspekte der Weiblichkeit, während andere sich in der Gestalt einer Muttergöttin verdichteten, die für Schwangerschaft, Geburt und mütterliche Fürsorge zuständig war. Neben dem Ehepartner sind den Gottheiten auch Geschwister, Vorfahren und Kinder zugeordnet, sie bilden insgesamt eine gewaltige Familie von 4 bis 5 Generationen. Bedeutende Gottheiten verfügen typischerweise über eine herausragende Diener- und Botengestalt, die modern oft mit dem arab. Titel «Wesir» bezeichnet wird. Darüber hinaus gehören zum Hofstaat Ammen, Berater, Musiker und Musikinstrumente, Friseure, Hirten, Wächter und andere. Der göttliche Hofstaat spiegelt die Verhältnisse am Königspalast und im Tempel wider. Dort residiert die zentrale Gottheit in Gestalt ihres Kultbildes, Familie und Hofstaat sind ebenfalls in Form von Kultbildern, Emblemen, Kultgeräten oder auch Bauteilen präsent.

Die Götter nehmen an einer Ratsversammlung (sum. *unkin*, akk. *puḫru*) teil, die in einer Götterliste aus Ugarit selbst als Gottheit erscheint. Sie spiegelt eine reale Institution wider, die uns historisch jedoch nur partiell faßbar ist. Als Oberhaupt der göttlichen Ratsversammlung gelten *An* oder *Enlil*, ihren Sitz, sum. *ubšu-unkinak*, akk. *ubšukkinakku* genannt, hat sie am Hofe *Enlil*s in Nippur.

Häufig werden die Götter in zwei Gruppen unterteilt, die akk. *Anu(na)kkū* und *Igigû* heißen. Erstere Bezeichnung geht auf sum. *a-nun-ak-ene* «die (Götter) fürstlichen Samens» zurück. Die andere ist unklaren Ursprungs, sum. wird sie mit *nun-gal-ene* «die großen Fürsten» wiedergegeben. Beide Termini können für sich oder in Kombination als poetischer Ausdruck für die Gesamtheit der großen Götter verwendet werden. In manchen Belegen bezeichnet jedoch *Anu(nna)kkū* die unterweltlichen und *Igigû* die oberweltlichen Götter. Zudem gibt es verschiedene kleinere Göttergruppen mit fester Mitgliederanzahl. Am häufigsten sind Heptaden (Siebenergruppen). Während die «(Bösen) Sieben» eine natürliche Grundlage haben, nämlich das Sternbild der Plejaden, beruhen andere auf künstlicher Systematisierung. So stellt die Götterliste *An = Anum* in einem Anhang «nationale» Heptaden wie die 7 Götter von Sumer (*An*, *Enlil*, *Ea*, *Sîn*, *Šamaš*, *Adad*, *Ninurta*) zusammen, denen die 7 Götter von Akkad, Gutium und Elam gegenübergestellt werden. Dyaden (Zweiergruppen) sind z. B. die Wetterdämonen *Šullat* und *Ḫaniš*, die in den Götterlisten mit dem Sonnengott *Šamaš* bzw. dem Wettergott *Adad* identifiziert werden, und die «großen Zwillinge» *Lugalirra* und *Meslamta'ea*, ursprünglich wohl verschiedene Erscheinungsformen des Unterweltsgottes. Am Ende der altorientalischen Ära kommen Triadenbildungen in Mode wie z. B. *Bēl* (Wetter- und Himmelsgott) – *ʿAglibōl* (Mondgott) – *Jarḥibōl* (Sonnengott) in Palmyra. Auch außerhalb des altorientalischen Kulturraumes sind Göttergruppen häufig, man denke etwa an die 12 Olympischen Götter, die 9 *Musen*, die 3 *Moiren/Parzen* oder die 3 *Chariten/Grazien*.

Hierarchie. Das altmesopotamische Pantheon kennt aufgrund seiner Familien- und Hofstaatstruktur vielerlei Rangabstufungen. Das gesamte Pantheon wird von einigen wenigen bedeutenden Gottheiten dominiert und nominell von einem einzigen Götterkönig regiert. Dies ist bei Einsetzen der schriftlichen Quellen *Enlil*. Seine Vormachtstellung ist mythologisch in seiner Rolle als Schöpfer begründet, der Himmel und Erde voneinander getrennt hat. Sein Name kann metonymisch im Sinne von «göttlicher Oberherr» gebraucht werden, im Akkadischen konnte man von ihm sogar ein Abstraktum *ellilūtu* «Enlilschaft» ableiten, um diesen Rang zu bezeichnen. Ähnlich hohe Positionen nahmen der Himmelsgott *An/Anum* und der Wasser- und Schöpfergott *Enki/Ea* ein. Letzterer war vielleicht ursprünglich Protagonist einer mit der *Enlil*-Kosmogonie konkurrierenden Schöpfungsmythologie, der zufolge Himmel und Erde aus einem Urmeer hervorgingen. In beiden Vorstellungen spielt der Himmel(sgott) als noch präsente Urgottheit eine wichtige Rolle, weshalb er in Aufzählungen immer an erster Stelle vor *Enlil* und *Enki/Ea* erscheint. Oft wird nach *An*, *Enlil* und *Enki/Ea* die Muttergöttin *Ninmaḫ/Ninḫursaĝa/Bēlet-ilī* genannt. Sie galt als Schwester *Enlil*s und als Mutter seines erstgeborenen Sohnes *Ninurta*, aber auch als Gemahlin *Enki*s. Einen ähnlich hohen Rang hatte die für Sexualität, Fruchtbarkeit und Krieg zuständige Venusgöttin *Inanna/Ištar* inne, die nach einer Tradition als Gefährtin und Tochter des Himmelsgottes *An/Anum* galt. Mit *Enlil* konkurrierte an Bedeutung sein Sohn *Ninurta*. Im Laufe des 2. Jt.s rückte *Marduk*, der Stadtgott von Babylon, zum Oberhaupt des babylonischen Pantheons auf; er wurde genealogisch an *Enki* angeschlossen, übernahm aber auch Züge *Enlil*s und *Ninurta*s. Ansatzweise zeichnet sich im 1. Jt. ein ähnlicher Aufstieg des Gottes *Nabû* ab. In Assyrien galt der Stadt- und Reichsgott *Assur* als oberster Gott. Auch in den Staaten außerhalb Mesopotamiens nahm in der Regel eine bestimmte Gottheit die höchste Position im offiziellen Pantheon ein, wie etwa *Kura* in Ebla, *Il/Dagan* in Ugarit, der «Wettergott von Ḫatti» im Hethiterreich, *Melqart* in Tyros (und dessen Kolonie Karthago), *Milkom* in Ammon, *Kamoš* in Moab, *Qaus* in Edom und nicht zuletzt *Jahwe* in Israel.

Ortsbezug, Lokalpanthea. Städte und Orte waren jeweils mit einer bestimmten Gottheit in besonderer Weise verbunden, die im Mittelpunkt des lokalen Pantheons und Kultes stand. Dies gilt auch für größere Städte wie Babylon oder Assur, die neben dem Kultzentrum der jeweiligen Stadtgottheit (*Marduk* bzw. *Assur*) noch zahlreiche weitere Tempel beherbergten. Selten sind Städte wie Mari, wo sich unter den verehrten Gottheiten keine deutliche Priorität abzeichnet, und Städte mit zwei Hauptgottheiten wie Uruk (*An* und *Inanna/Ištar*) oder Kiš (*Zababa* und *Inanna/Ištar*); sie gehen wohl auf ursprünglich getrennte Siedlungen zurück. In Nippur, wo *Enlil* als Oberhaupt des Pantheons residierte, spielte auch sein Sohn *Ninurta* mit der Gemahlin *Ninnibru* «Herrin von Nippur» eine wichtige Rolle. Die enge Verbindung zwischen Gottheiten und ihren Kultorten zeigt sich auch darin, daß die Schreibung mancher Ortsnamen mit der Schreibung ihrer Gottheit identisch ist (z. B. Nippur/*Enlil*, Ereš/*Nissaba*, Šuruppag/*Sud*) oder von dieser abgeleitet ist (z. B. Ur/*Nanna*, Larsa/*Utu*, Zabalam/*Inanna*). In Südmesopotamien sind die Hauptgestalten des Pantheons fast komplementär auf wichtige Städte verteilt, was frühe politisch-kultische Zusammenhänge widerspiegeln dürfte. Die Orts- und Landesverbundenheit des Pantheons kommt auch in Formulierungen wie «die 1000 Götter des Ḫatti-Landes» oder «die Götter von Ugarit» zum Ausdruck.

Religiöser Pluralismus. Der altorientalische Polytheismus war keine dogmatisch fundierte Konfession, bezeichnend für ihn ist vielmehr eine Art Pluralismus, der auch widersprüchliche Vorstellungen zuläßt. Beispielsweise gilt als Vater der Göttin *Inanna/Ištar* der Himmelsgott *An* oder der Mondgott *Nanna/Sîn*. Dieselbe Gottheit konnte an der Spitze verschiedener Lokalpanthea stehen und war somit an verschiedenen Orten in Gestalt ihres Kultbildes präsent. Besonders weit verbreitet waren Kultstätten der *Inanna/Ištar*. Wir sprechen in solchen Fällen von «lokalen Erscheinungsformen» oder «Hypostasen». Ein interessanter und bislang singulärer Beleg für den Umgang mit diesem Phänomen findet sich in einem hethitischen Ritual zur Einweihung einer neuen Kultstätte der «Göttin der Nacht», einer *Ištar*-Gestalt. Darin wird die Göttin gebeten: «Geehrte Gottheit! Bewahre dein Wesen, teile deine Göttlichkeit aber auf! Komm auch zu jenem neuen Tempel und nimm dir den Ehrenplatz!». Im Hethiterreich wurden sogar weibliche und männliche Sonnengottheiten nebeneinander verehrt.

4. Hauptgestalten der altorientalischen Götterwelt

Im folgenden sollen die wichtigsten altorientalischen Gottheiten vorgestellt werden. Grundlage ist das sum.-babylonische Pantheon, das in ganz Mesopotamien und z. T. darüber hinaus bekannt war. Auf außermesopotamische Entsprechungen wird jeweils am Ende der einzelnen Kapitel hingewiesen.

Der Himmelsgott *An/Anu(m)*. Der sum. Himmelsgott *An* ist nach Ausweis seines Namens ursprünglich der vergöttlichte Himmel selbst. Sein Name wurde von den Akkadern in der Form *Anu(m)* übernommen. Er galt nominell als oberster Gott und wird dementsprechend in Aufzählungen und in den meisten Götterlisten an erster Stelle genannt, doch spielt er in der Mythologie eine eher passive Rolle. In älterer Zeit galt *Uraš* als seine Gemahlin. Denselben Namen trug eine männliche, im nordbabylonischen Dilbat verehrte Gottheit. Es handelt sich um ein altes Wort für «Erde», das in etwas anderer Form auch im Namen des Ackerbaugottes *Ninurta* steckt. Offenbar gab es in frühester Zeit unterschiedliche Vorstellungen vom Geschlecht der Erde. Himmel und Erde wurden von *Enlil* getrennt, der daher letzlich von *An*, von der Erde oder von beiden abstammen muß. Er wird jedoch nur sporadisch als «Sohn (oder Nachkomme) des *An*» bezeichnet. Im Zuge jüngerer Spekulationen wurde zu akk. *Anu(m)* ein Femininum *Antu(m)* gebildet und das so benannte weibliche Pendant des Himmelsgottes mit der «Erde», mit *Ištar*, aber auch mit dem «(Ur-)Meer» identifiziert. Die Götterliste *An = Anum* schreibt *An* einige Vorfahrenpaare zu, darunter *Uraš – Ninuraš* «Erde – Frau Erde» und *Duri – Dari*, etwa «Dauer – Ewigkeit». Sie integriert wohl eine mit Himmel und Erde einsetzende Kosmogonie in eine andere, der zufolge die Größe Himmel-Erde aus einem Urmeer aufstieg. Die auffällige Tatsache, daß *An* kein gleichrangiges weibliches Pendant namens *Ki* «Erde» neben sich hat, mag damit zusammenhängen, daß dieses Wort nicht bloß «Erde», sondern auch «Unterwelt» bedeutete, diese aber mit anderen Hauptgestalten des Pantheons besetzt war. *An*s Hauptkultort ist Uruk. Dort ist er eng mit der Venusgöttin *Inanna/Ištar* verbunden, die in älterer Zeit als seine «Geweihte», später als seine Tocher bezeichnet wird. Im hellenistischen Uruk erlebte der Kult des *Anu* einen späten Aufschwung, möglicherweise weil *Anu* mit *Zeus* identifiziert wurde.

***Enlil*, Schöpfergott und Oberhaupt des Pantheons.** *Enlil* ist zwar kosmogonisch dem Himmelsgott *An* nachgeordnet, er wurde jedoch, indem er Himmel und Erde trennte, zum Schöpfer des aktuellen Kosmos und erscheint in den Mythen als aktiver Oberherr des sum. Pantheons. Auf diese Stellung weist wohl auch der sum. Titel *Nunamnir*, etwa «der Würdige», hin, den ausschließlich er trägt. *Enlil* wird eine Reihe von Vorfahren zugeschrieben, deren erstes Paar *Enki-Ninki* «Herr/Frau Erde» heißt. Man stellte sich offenbar vor, daß sie in der noch ungetrennten Masse von Himmel und Erde hausten und beim Schöpfungsakt umkamen, denn für sie wurden im Monat *Tašrītu* («Anfang») in *Enlil*s Kultzentrum in Nippur Trauerriten durchgeführt.

*Enlil*s Tempelkomplex in Nippur hieß *E-kur* «Berghaus». *Enlil* selbst wird in sum. Dichtungen häufig *kur-gal* «Großer Berg» genannt. Sein erstgeborener Sohn *Ninurta* ging aus seiner Verbindung mit der Muttergöttin *Ninḫursaĝa* «Herrin des Gebirges» hervor, die auch als seine Schwester galt. Der Hintergrund der Beziehungen *Enlil*s zu «Berg» und «Gebirge» wird aus den Texten nicht recht deutlich. Sein Sohn *Ninurta* ist primär ein Gott des Ackerbaus. Seine eigentliche Gemahlin *Ninlil*, deren Name mit dem seinen korrespondiert, ist eine Tochter der Getreidegöttin *Nissaba* und des göttlichen Speicherverwalters *Ḫaja*; sie wurde mit *Sud*, der Stadtgöttin von Šuruppag, gleichgesetzt – wohl als dieser Ort aufgegeben und *Sud*s Kult nach Nippur bzw. in das bei Nippur gelegene Tummal verlagert wurde, wo *Ninlil* ein Heiligtum besaß. *Enlil*s Verwandtschaftbeziehungen lassen darauf schließen, daß er selbst ein alter Ackerbaugott ist. In diese Richtung könnte auch die älteste Schreibung seines Namens weisen, die aus den Zeichen EN «Herr» und E$_2$ «Haus» besteht, denn mit «Haus» kann das ganze «Hauswesen» als Keimzelle der agrarischen Lebensweise gemeint sein.

Den Namen seiner Gemahlin *Ninlil* schrieb man mit den Zeichen NIN «Herrin» und KID, das dem Zeichen E$_2$ ähnelt und für den verwandten Begriff «Rohrmatte» steht. Erst gegen Ende des 3. Jt.s setzte sich KID als zweites Zeichen in der Schreibung beider Namen durch. In dem gemeinsamen Namenselement *lil* hat man ein sum. Wort mit der Bedeutung «Windhauch» sehen wollen und *Enlil* als «Herr Windhauch» oder auch «Herr Zwischenraum» (von Himmel und Erde) gedeutet. Dies ist jedoch sehr unsicher, da ein Bezug *Enlil*s (und *Ninlil*s) zum Wind ansonsten nicht erkennbar ist. Aufgrund der akk. Aussprache *E/Illil* wurde auch vermutet, daß der Name von sem. *il-* «Gott» komme, und daß der von einer sem. Bevölkerungsschicht eingeführte *Ellil Ninurta* als ursprünglichen Stadtgott von Nippur verdrängt habe. Die akk. Aussprache läßt sich allerdings durch ein akk. Lautgesetz erklären, dem zufolge *n* an einen folgenden Konsonanten angeglichen wird. Auch die schon sehr früh bezeugte Schreibung des Ortsnamens Nippur mittels des Götternamens *Enlil* (s. S. 56) spricht gegen diese Hypothese.

Enlil ist nicht nur durch *Ninḫursaĝa* Vater des *Ninurta*, sondern er zeugte auch, wie der Mythos «*Enlil* und *Ninlil*» berichtet, bei der Vergewaltigung der *Ninlil* den Mondgott *Nanna/Sîn*, die Unterweltsgottheiten *Meslamtae'a* und *Ninazu* sowie den Bewässerungsgott *Enbilulu*. Kinder des Mondgottes und somit *Enlil*s Enkel sind der Sonnengott *Utu/Šamaš* und die Venusgöttin *Inanna/Ištar*. Aus *Enlil*s umfangreichem Hofstaat seien hier nur seine «Nebenfrau» *Šuzianna* und sein Wesir *Nuska/u* erwähnt.

*Enlil*s Herrschaft erscheint in mehreren Mythen als gefährdet. Der dämonische *Anzu*-Vogel raubt ihm die «Schicksalstafel», doch *Ninurta* gelingt es, sie zurückzugewinnen («Anzu-Mythos»). *Ninurta* verteidigt *Enlil*s Reich auch erfolgreich gegen das Ungeheuer *Asag/Asakku*, wobei er seinem Vater allerdings den Rang streitig macht. Diejenigen Götter, die anfangs landwirtschaftliche Arbeiten verrichten müssen, um für den Unterhalt der Götter zu sorgen, empören sich gegen *Enlil* und treten in Streik, woraufhin *Enki* den Menschen erschafft, um sie von ihrer Mühsal zu befreien. Durch das laute Treiben der Menschheit gestört, sucht *Enlil* sie zu vernichten («Atraḫasis-Epos»), doch *Enki*, der auch sonst als *Enlil*s Gegenspieler erscheint, rettet sie.

*Enlil*s Stadt Nippur wurde «Band von Himmel und Erde» genannt. Aufgrund ihrer theologischen Bedeutung war sie nicht nur ein Zankapfel rivalisierender Stadtstaaten, deren Herrscher sich durch den Oberherrn des Pantheons zu legitimieren trachteten, sondern auch ein kulturelles Zentrum mit bedeutenden Schreiberschulen, denen wir einen Großteil der erhaltenen sum. Literaturwerke verdanken. Mit der Expansion des altbab. Reiches unter Ḫammurapi (1792–1750) begann sich der religiöse und kulturelle Mittelpunkt Südmesopotamiens nach Babylon zu verlagern, dessen Stadtgott *Marduk Enlil* als Oberhaupt des Pantheons ablösen sollte.

Außerhalb Babyloniens wurde *Enlil* mit *Dagan*, dem hurr. *Kumarbi* und dem assyrischen Stadt- und Reichsgott *Assur* gleichgesetzt. *Dagan* war wohl wie *Enlil* ein Schöpfer- und Ackerbaugott; das mit seinem Namen identische hebr. Wort *dāgān* bedeutet «Getreide». Seine wichtigsten Kultzentren waren die am Euphrat gelegenen Städte Tuttul, Terqa und Mari. Er ist aber auch mit dem höchsten Gott des ugar. Pantheons identisch, dessen üblichere Bezeichnung *Il* nur ein Titel ist («der Gott»). Das Alte Testament erwähnt ihn mehrmals unter der kanaanäischen Namensform *Dāgôn* als Gott der Philisterstädte Asdod und Gaza. Ob dies als Zeugnis einer ursprünglich bis Südpalästina reichenden Verbreitung des *Dagan*-Kultes gelten darf, oder ob die Philister ihn auf ihrer Wanderung aus dem Norden mitgebracht haben, ist unklar.

***Enki/Ea:* Wasser, Fruchtbarkeit und Kreativität.** Der sum. Gott *Enki* ist im Süden, am Persischen Golf, beheimatet. Seine kosmische Domäne ist der sum. *abzu*, akk. *apsû* genannte unterirdische Süßwasserozean. Das personifizierte (Ur-)Meer, *Namma/u*, gilt als seine Mutter, im bab. Schöpfungsepos *Enūma eliš* entspricht ihr *Tiāmat*. Einer seiner sum. Beinamen lautet «Steinbock des *Abzu*»; damit korrespondiert sein Emblem, der «Ziegenfisch», ein Mischwesen aus Steinbock (Vorderteil) und Fisch. Sein sum. Name, der eigentlich auf *-g* oder *-k* endet, scheint als *en ki-k* «Herr der Erde/Unterwelt» verstanden worden zu sein, was aber vielleicht nicht der tatsächlichen Etymologie entspricht. Öfters wird er *nun* «Fürst» (sum.) genannt, sein akk. Titel *Na/iššīku*, sumerisiert *Ninšiku*, hat wohl dieselbe Bedeutung. Wahrscheinlich erklärt sich daraus auch die Schreibung seines Kultortes Eridu(g) mittels des Zeichens NUN. Sein auch als Name gebrauchter sum. Titel *Nudimmud* bedeutet in etwa «Schöpfer». Sein akk. Name *Ea*, älter *Ḥajja/u*, läßt sich von der sem. Wurzel für «leben» herleiten.

Enki/Ea wird gerne als Gott der «Weisheit» bezeichnet, was ihn aber nur unzulänglich charakterisiert. Er ist ein dem ägyptischen *Ptaḥ*, ugar. *Kōṯar-wa-Ḫasīs* und griech. *Hephaistos* vergleichbarer Handwerker, Künstler und Zauberer, dem in kritischen Situationen stets eine List einfällt. Manche ursprünglich selbständigen Handwerksgötter wurden später mit ihm gleichgesetzt. *Enki* und seine Mutter *Namma/u* waren vielleicht die Protagonisten einer mit der *Enlil*-Kosmogonie konkurrierenden Schöpfungsmythologie. Als seine Gattin erscheinen *Damgalnunna/Damkina* und die Muttergöttin *Ninḫursaĝa/Ninmaḫ*, die miteinander identifiziert wurden. Seine Tochter *Nanše* ist mit den Fischen und Vögeln der südmesopotamischen Marschen verbunden, sein Sohn *Asalluḫi*, ein göttlicher Beschwörungspriester und Krankenheiler, wurde später mit *Marduk* gleichgesetzt.

In der Mythologie spielt *Enki/Ea* eine prominente Rolle: Er weist den Gottheiten ihre Aufgaben zu («*Enki* und die Weltordnung») und richtet verschiedene Arten der Bewässerung ein. Seine überbordende Potenz führt in «*Enki* und *Ninḫursaĝa*» zum Inzest mit seinen Töchtern. Zusammen mit der Muttergöttin erschafft er den Menschen («*Enki* und *Ninmaḫ*» etc.). Als *Enlil* die Menschheit vernichten will, rettet *Enki* sie vor der

Sintflut. *Inanna* gelingt es, ihm in betrunkenem Zustand die *me* (s. S. 47) zu rauben («*Inanna* und *Enki*»). Er rettet *Inanna* aus der Unterwelt mittels zweier Gestalten, die er aus dem Schmutz seiner Fingernägel erschafft («*Innanas* Gang zur Unterwelt»). Auf dieselbe Weise erschafft er im «Agušaja-Lied», einem *Ištar*-Hymnus, die *Ṣāltu* «Streit» als Widerpart der kampflustigen Göttin. Ein als «*Marduk-Ea*-Typ» bezeichnetes Beschwörungsritual reproduziert eine *historiola* (kurze mythische Geschichte), in der *Enki/Ea* seinem Sohn *Asalluḫi/Marduk* Rat für die Krankenheilung erteilt.

Zum Umkreis des *Enki/Ea* gehören sein janusköpfiger Wesir *Isimud/Usmû*, als *Laḫama* bezeichnete Wasserwesen sowie 7 als Fischmenschen vorgestellte «Weise» (sum. *abgal*, akk. *apkallu*), die in vorsintflutlicher Zeit die Menschen allerlei Künste gelehrt hatten. Sie sind entfernt mit den «7 Sehern (*rṣi*)» der indischen Mythologie und den griechischen «7 Weisen» verwandt.

Die Muttergöttin. Die Muttergöttin ist eine synkretistische Gestalt, deren Wurzeln sich nur ansatzweise unterscheiden lassen. Sie ist für Schwangerschaft, Geburt und Stillen zuständig. Ihr Emblem, das «omegaförmige» Symbol, ist wohl die schematisierte Darstellung eines (Kuh-)Uterus. In Götterlisten und Mythen erscheint sie unter einer ganzen Reihe von Namen, die wichtigsten sind: *Diĝirmaḫ* «Höchste Göttin» (sum.), *Ninmaḫ* «Höchste Herrin» (sum.), *Nindiĝirene, Bēlet-ilī* «Herrin der Götter» (sum. bzw. akk.), *Ninḫursaĝa* «Herrin des Gebirges» (sum.), *Nintur* (wohl Umgestaltung eines sum. Wortes für «Gebärmutter»), *Aruru* (Bedeutung unsicher) und *Mam(m)a/i* (ein in vielen Sprachen verbreitetes «Lallwort» für «Mutter»). Ihre wichtigsten Kultzentren waren Adab und Keš (nicht sicher lokalisiert). Im Mythos ist sie mit *Enlil* und *Enki/Ea* assoziiert, mit deren Gattinnen *Ninlil* bzw. *Damgalnunna/Damkina* sie gleichgesetzt werden kann. Ihr wurde auch eine eigene «Kleinfamilie» zugeordnet, nämlich der Gatte *Šulpa'e(a)* «strahlend aufgegangener Jüngling» (sum.), der unterweltlich-dämonische Züge besitzt, eine Tochter *Lisi(n)* sowie die Söhne *Ašgi*, *Pa(p)niĝarra* und *Lil*. Zumindest letztere beiden sind vielleicht

Prototypen des Fötus und/oder totgeborenen Kindes. Im Dienst der Muttergöttin stehen 14 oder 7 göttliche Geburtshelferinnen, denen in Ugarit die 7 *Kōṯarāt* entsprechen. Eine der mesopotamischen Muttergöttin ähnliche Gestalt ist die hethitische *Ḫannaḫanna* (etwa «Urgroßmutter»), auch sie hat eine Gruppe von Geburtshelferinnen neben sich.

***Inanna/Ištar:* Venus, Sexualität und Krieg.** *Inanna/Ištar* ist eine der bedeutendsten und zugleich schillerndsten Gestalten der altorientalischen Götterwelt. Die Göttin des Venussterns, der Sexualität und des Krieges wurde in zahlreichen lokalen Erscheinungsformen verehrt. Ihre wichtigsten Kultorte sind Uruk, Zabalam, Kiš und Akkad in Babylonien sowie Ninive und Arbela in Assyrien. In Uruk steht sie zusammen mit dem Himmelsgott *An* an der Spitze des Pantheons, zunächst als seine «Geweihte», später als seine Tochter. Einer anderen, weit verbreiteten Genealogie zufolge ist sie die Tochter des Mondgottes *Nanna/Sîn* und die Schwester des Sonnengottes *Utu/Šamaš*. Ihr Tempelkomplex in Uruk heißt Eanna «Haus des Himmels». Dazu stimmt ihr sum. Name *Inanna*, der wohl auf **nin an-ak* «Herrin des Himmels» zurückgeht. Das Keilschriftzeichen für *Inanna* stellt ein Emblem der Göttin dar, das sogenannte «Schilfringbündel». Über dieses können frühe Bilddenkmäler wie die berühmte Kultvase aus Uruk (um 3000) mit ihr in Verbindung gebracht werden (Abb. 2): Eine Prozession nackter Gabenbringer schreitet auf eine vor zwei Schilfringbündeln stehende weibliche Gestalt zu, die Göttin selbst oder ihre Priesterin. Der reich gekleidete Anführer der Gruppe, ein Herrscher und/oder Priester, ist leider nur in Resten erhalten. Die Gabenkörbe sowie die auf den unteren beiden Registern abgebildeten Pflanzen und Tiere zeigen die der Göttin verdankte Fruchtbarkeit des Landes. Wir wissen nicht, wie sich diese frühe sum. *Inanna* von der sem. Gottheit namens *ʿAṯtar* unterschied, mit der sie im Laufe des 3. Jt.s gleichgesetzt wurde. Aus altsüdarabischen Inschriften und ugaritischen Texten kennen wir *ʿAṯtar* als männliche Gottheit, die eine weibliche Entsprechung *ʿAṯtart* neben sich hat; der Name gelangte über das Phönizische als *Astarte* ins Griechische. Hintergrund des männlich-weiblichen Namenspaares ist wohl die Vorstellung, daß hinter Venus als Morgenstern und Abendstern zwei Gottheiten unterschiedlichen Geschlechts stehen. Als akk. Name für die sum. Göttin *Inanna* setzte sich in Mesopotamien die männliche Form *ʿAṯtar* durch, die sich dort zu *Eštar/Ištar* entwickelte. Spuren von Doppelgeschlechtlichkeit finden sich in Mesopotamien sowohl auf der Ebene des Pantheons (in Gestalt einer männlichen Venusgottheit *Kabta*) als auch im Kult: Manche Texte spielen darauf an, daß bei *Inanna*s Festen Männer in Frauenkleidung und Frauen in Männerkleidung auftraten. Im Gegensatz zur Muttergöttin steht Inanna/Ištar für die vor- und außerehelichen Aspekte der Weiblichkeit, auch die Prostitution und das damit assoziierte Wirtshaus fallen unter ihre Zuständigkeit. Im allgemeinen wird sie daher unverheiratet und kinderlos dargestellt; einer lokalen Tradition zufolge gilt allerdings *Šara*, der Stadtgott von Umma, als ihr Kind, und mit ihm wohl auch sein Bruder *Lulal*. Kultische Liebeslieder schildern sie als junges Mädchen, das mit einem jugendlichen Hirten- und Vegetationsgott namens *Ama'ušumgal(anna)*, *Dumuzi/Tammuz* oder *Damu* (nicht mit dem gleichnamigen Sohn der Heilgöttin zu verwechseln) liiert ist. Sie tritt besonders oft zu Sterblichen in Beziehung. Bereits die Namen ihres Geliebten *Ama'ušumgal(anna)/Dumuzi* und der seiner Schwester *Geštinanna* (urspünglich *Amaĝeštin*) weisen in diese Richtung; es handelt sich nämlich um alte Personennamen. In «*Inanna* und Šukalletuda» wird sie im Schlaf von dem Gärtner Šukalletuda vergewaltigt. Im Gilgameš-Epos richtet sie ihr Begehren auf Gilgameš, der ihr unter Hinweis auf das unglückliche Los früherer Liebhaber eine Abfuhr erteilt. Die Mythen bringen vor allem ihr aggressives, auf Machterweiterung bedachtes Wesen zum Ausdruck. In «*Inanna* und *Enki*» raubt sie dem betrunkenen *Enki* die *me* (s. S. 47). Dem *An* versucht sie den Himmel zu rauben («*Inanna* und An»), der *Ereškigal* macht sie die Herrschaft über die Unterwelt streitig und liefert ihr *Dumuzi* aus («*Inanna*s Gang zur Unterwelt»). Im Gilgameš-Epos veranlaßt sie ihren Vater *Anu* durch wüste Drohungen, ihr den «Himmelsstier» zu überlassen. Ihr kriegerisches

Wesen, das sich am «Tanz der Schlacht» erfreut, wird selbst den Göttern zuviel: Um sie im Zaum zu halten, erschafft *Ea* als ihren Widerpart die *Ṣāltu*, den personifizierten «Streit». *Ištar* von Akkad war die Schutzgöttin der dort residierenden sargonischen Dynastie. Im Staatskult des neuassyrischen Reiches genossen die *Ištar* von Ninive und die *Ištar* von Arbela höchste Verehrung, in ihrem Namen traten Prophet(inn)en auf. Attribut- und Symboltier der Göttin ist der auf ihren kriegerischen Aspekt verweisende Löwe. Zu ihrem umfangreichen Hofstaat gehört neben der Botin *Ninšubur(a)* auch eine vergöttlichte Leier namens *Ninigizibarra*. Eine Abspaltung der *Inanna* von Uruk war vielleicht die Liebesgöttin *Nanaja*.

Mit *Inanna/Ištar* gleichgesetzt wurde die hurritische, auch bei den Hethitern verehrte Göttin *Šauš(k)a*. Sie ist die Schwester des Wettergottes, ihre zwei Begleiterinnen *Ninatta* und *Kulitta* besitzen im sum.-babylonischen Pantheon keine Entsprechung. Im nordwestsem. Raum gab es zwei mit *Inanna/Ištar* vergleichbare Göttinnen: die bereits erwähnte, etymologisch mit *Ištar* identische *ʿAṯtart* (*Astarte*), und *ʿAnat*, die in den ugar. Mythen als «Schwester», d. h. Gefährtin, des Wettergottes *Baal* auftritt. Beide Göttinnen wurden schon in Ugarit miteinander identifiziert, die Kombination ihrer Namen ergab später den griech. Namen der «Syrischen Göttin» *Atargatis* (<*ʿAttar-ʿAtt* < *ʿAṯtar-ʿAn(a)t*). Kanaanäische Einwanderer und Herrscher (Dynastie der Hyksos) verbreiteten den *Astarte*-Kult bis nach Ägypten.

Der Mond: *Nanna/Sîn*. Im Gegensatz zur griechischen *Selene* und römischen *Luna* war der Mond im Alten Orient mit einer männlichen Gottheit assoziiert. Nach sum. Vorstellungen ist der Sternenhimmel eine vom Mond(gott) gehütete Rinderherde. Der Mond wurde als Stier, dessen Hörner die Mondsichel bilden, aber auch als ein den Himmel überquerendes Boot aufgefaßt. Der sum. Mondgott trug den Namen *Nanna*. Er verschmolz offenbar schon früh mit dem akk. Mondgott *Su'e/in*, dessen Name sich zu *Sîn* entwickelte. *Nanna/Sîn*s Eltern sind *Enlil* und *Ninlil*. Zu seinen Geschwistern zählen die Unterweltsgottheiten *Nergal/Meslamta'ea* und *Ninazu*, unter seinen Kindern sind vor allem der Sonnengott *Utu/Šamaš* und die Venusgöttin *Inanna/Ištar* zu nennen. Die Gattin des Mondgottes trägt den sum. Namen *Ningal* «Große Herrin»; im Akkadischen und anderen altorientalischen Sprachen lautet er *Nikkal*. Wohl aufgrund seiner wechselnden Gestalt und seiner Funktion als Zeitmesser besitzt der Mondgott einen Bezug zu Schwangerschaft und Geburt. Beschwörungen zur Erleichterung der Geburt enthalten eine kurze mythische Erzählung, in der er eine Kuh namens Geme-Su'ena «Dienerin des *Su'en*» schwängert und ihr in Geburtsnöten beisteht, indem er zwei Schutzgöttinnen sendet. Zu *Nanna/Sîn*s Hofstaat gehören sein Wesir *Alam(m)uš* und ein göttlicher Hirte namens *Gaju*. Sein babylonischer Hauptkultort ist Ur. Der zu seinem dortigen Tempelkomplex namens *Eĝ/kišnugal* «Haus Großes-Licht» gehörige Stufentempel ist großenteils erhalten. «Ur in Chaldäa» war nach alttestamentlicher Überlieferung die Heimat des Patriarchen Abraham (der dort noch Abram hieß). Sein Bruder, aber auch der Ort, an den er übersiedelt (Gen 11,31–32), heißen Haran. Der Name ist in diesem Kontext kaum ein Zufall, denn er läßt sich mit Harran, dem antiken *Carrae*, identifizieren – dem bedeutendsten nördlichen Kultort des Mondgottes. Ein in ugaritischer Sprache und Schrift erhaltener Mythos berichtet von der Brautwerbung und Heirat des Mondgottes unter seinem ugar. Namen *Jariḫ*; seine Braut, die hier den Doppelnamen *Nikkal-wa-Ibb* trägt, ist die Tochter eines Gottes *Ḫrḫb* (Vokalisierung unsicher), der als «König des Sommers» bezeichnet wird. Bei den Hurritern hieß der Mondgott *Kušuḫ*, in Kleinasien *Arma* (hethitisch, luwisch) und *Kašku* (hattisch). Ein hatt.-heth. Mythos erzählt, wie der Mondgott unter Einwirkung des Wettergottes vom Himmel fiel und mit Unterstützung der Heilgöttin *Kamrušepa* wohl wieder zum Himmel zurückkehrte.

Die Sonne: *Utu/Šamaš*. Der sum. Name des Sonnengottes ist *Utu*, der akk. *Šamaš*. Beide werden mit demselben Zeichen geschrieben, für das Götterlisten auch eine Lesung *Amna* überliefern, so daß die Aussprache nicht immer sicher ist. Die Sonne war in Mesopotamien – wie auch in Ägypten (*Re*), Griechenland (*Helios*) und Rom (*Sol*) – mit einer männlichen Gottheit assoziiert. Die Vorstellung eines männlichen Sonnengottes haben die Akkader möglicherweise von den Sumerern oder einer anderen Substratbevölkerung übernommen, denn in den semitischen Sprachen ist die Sonnengottheit bzw. das Wort für «Sonne» überwiegend weiblich. Weibliche Sonnengottheiten sind in Ugarit (*Šapš*) und in Anatolien (Sonnengöttin von Arinna, Sonnengöttin der Nacht) bezeugt. Für die Sumerer stieg die Sonne aus dem ihr Tiefland östlich begrenzenden Zagros-Gebirge empor. Dementsprechend gibt das Keilschriftzeichen UD, mit dem die Namen des Sonnengottes, aber auch Wörter für «Tag» und «hell/rein/weiß» geschrieben werden, eine zwischen zwei Bergen aufgehende Sonne wieder. Ikonographische Darstellungen auf Rollsiegeln der Akkad-Zeit zeigen den Sonnengott, wie er in menschlicher Gestalt zwischen zwei Berggipfeln emporsteigt; von seinen Schultern gehen Strahlen aus, in der Hand hält er eine Säge. Diese ist auch textlich als Emblem des Sonnengottes belegt, bei dem Eide geleistet wurden, Ursprung und mythologische Funktion sind allerdings unklar. Im Gilgameš-Epos kommt der Sonnengott aus einem Berg *Māšu* hervor, dessen Tore von Skorpionmenschen bewacht werden. Der Name ist wohl als «Zwilling(sberg)» zu verstehen. Man hat daraus auf einen westlichen Zwillingsberg geschlossen, in den der Sonnengott abends eintritt, doch dürfte sich der Name eher auf den ikonographisch dargestellten doppelgipfligen Berg beziehen. Seinen Weg legt er in einem Schiff, später in einem Wagen zurück, dessen Zugtiere in älterer Zeit Löwen, später Esel oder Pferde sind. Nachts ruht er in seinem himmlischen Palast Ebabbar «Weißes Haus» (so heißen auch seine irdischen Tempel) oder bewegt sich unter der Erde zu seinem Aufgangsort zurück. Beide Vorstellungen wurden miteinander harmonisiert. Im Mythos «*Enki* und *Ninḫursaĝa*» bringt der aufgehende Sonnengott aus *Enki*s unterirdischem Grundwasserozean Abzu Wasser herauf, was wohl als Ätiologie für den Morgentau zu verstehen ist. Mit seinem Licht, das Verborgenes sichtbar macht, seiner Bahn, von der aus er alles sieht, und der Zuverlässigkeit seines täglichen Erscheinens hängt zusammen, daß man in ihm den obersten Richter und Hüter von Recht und Ordnung sah; auf seiner unterirdischen Reise amtiert er auch als Unterweltsrichter. Seinen Beistand suchte man nicht nur gegen Unrecht, sondern auch gegen ungünstige Vorzeichen und Hexerei. Gebete und Rituale fanden vorzüglich bei Sonnenaufgang statt, insbesondere die als Gerichtsprozeß vor dem Sonnengott aufgefaßte und inszenierte Opferschau (s. S. 100). Als oberster Ordnungshüter besaß der Sonnengott eine besondere Affinität zum Königtum, die sich im 2. und 1. Jt., vielleicht unter ägypt. Einfluß, verstärkte.

Die Gemahlin des *Utu/Šamaš* – sum. *Šer(e)da* (vielleicht aus akk. *šērtu* «Morgenröte» entlehnt), akk. *Aj(j)a* genannt – ist wohl eine Personifikation des Morgenlichts. Sein oberster Wesir heißt sum. *Pa(p)nunna*, akk. *Bunene*. Die personifizierten Grundlagen des Rechts, sum. *Niĝ-gina*, akk. *Kīttum* «Wahrheit» und sum. *Niĝ-zida*, *Niĝ-sisa*, akk. *Mīšārum* «Recht» werden ihm als Wesire oder Kinder zugeschrieben. Als Sohn des Sonnengottes gelten ferner *Sumuqan/Šakkan*, der Gott der Tiere, und die Traumgottheiten *Mamu(d)*, *Sissig/Zaqīqu* und *Zakar*.

Die emotionale Wertschätzung der Sonne und damit auch des Sonnengottes schlug sich in Personennamen wie Šulgi-šamšī «(König) Šulgi ist meine Sonne» oder in Komplimenten wie «du bist mein Herr, du bist meine Sonne» (so in einem altassyrischen Brief) nieder. Die hethitischen Könige wurden mit «(deine) Sonne», im Sinne von «deine Majestät», angeredet und sprachen daher von sich selbst als «meine Sonne».

Der Sonnengott spielte auch in Elam, wo er *Naḫḫunte* hieß, und bei den Hurritern, die ihn *Šimegi* nannten, eine wichtige Rolle. In Kleinasien wurden nebeneinander männliche und weibliche Sonnengottheiten verehrt. Die «Sonnengöttin von Arinna» nahm neben dem Wettergott eine überragende Stellung im hethitischen Pantheon ein. Der männliche «Sonnengott des Himmels» (hatt. *Eštan*, heth. *Ištanu*) gehörte ebenfalls zu den bedeutendsten Gottheiten des Reichskultes. Ihnen stand eine unterweltliche «Sonnengöttin der Erde» gegenüber.

Feuer: *Girra*. Eine relativ bescheidene Rolle spielt der Feuergott *Girra* (die häufige Wiedergabe seines Namens als *Gibil* ist unsicher). Er wird, wohl wegen der Verwendung des Feuers bei handwerklichen Tätigkeiten, der Familie des *Enki/Ea* zugerechnet. Von ihm ist z. B. im Kontext des Bierbrauens, am häufigsten aber in magischen Ritualen die Rede, bei denen unreine Gegenstände verbrannt werden.

Pflug und Waffen: *Ninurta*. *Ninurta*, der «erstgeborene Sohn» *Enlil*s und der Muttergöttin *Ninḫursaĝa*, ist primär ein Gott der Erde und des Ackerbaus. Sein Name enthält ein altes Wort für «Erde» (*urta*), sein Emblem ist der Pflug. Er war wohl funktional von jeher mit *Ninĝirsu* identisch, dem Stadtgott von Ĝirsu, einem der Hauptorte des sum. Stadtstaates Lagaš. Allerdings wird *Enki*s Tochter *Nanše* dort als Schwester *Ninĝirsu*s bezeichnet, auch eine Reise *Ninĝirsu*s zu *Enki* nach Eridu(g) wird erwähnt. Beides läßt darauf schließen, daß im Süden Sumers einst *Enki* als *Ninĝirsu*s Vater galt. *Ninurta*s Gemahlin *Ninnibru*, die «Herrin von Nippur», und *Ninĝirsu*s Gemahlin *Baba* (andere Lesart: *Bau*) dürften ursprünglich verschiedene Göttinnen gewesen sein. *Baba* wurde mit der Heilgöttin *Gula* gleichgesetzt, deren Gemahl *Pabilsaĝ(a)* mit *Ninurta/Ninĝirsu*. Spätestens zu Beginn des 2. Jt.s wurde auch *Zababa*, der Stadtgott von Kiš, mit *Ninurta/Ninĝirsu* gleichgesetzt. In den Mythen erscheint *Ninurta* als Stifter des Ackerbaus, vor allem aber als heldenhafter Krieger und Helfer seines Vaters *Enlil*. Er verfügt über ein Arsenal furchtbarer Waffen, von denen zwei, *Šarur* «Myriaden niederwälzend» und *Šargaz* «Myriaden erschlagend», im Mythos *Lugale* als handelnde Persönlichkeiten auftreten. Die meisten seiner Heldentaten lassen sich nur anhand der Trophäen seiner besiegten Gegner erahnen. Sie werden erstmals in der Tempelbau-Hymne des Stadtfürsten Gudea von Lagaš aufgezählt, der sie um 2100 im neu errichteten *Ninĝirsu*-Heiligtum von Ĝirsu namens E-Ninnu «Haus (der) Fünfzig» darstellen ließ. Zu ihnen zählen «der sechsköpfige Widder», «der *Anzu*-Vogel», «die siebenköpfige Schlange», «die Libelle», «die Dattelpalme», «das starke Kupfer», «der Gips», «das Himmelsseil» und «das *magilum*-Boot». Leider kennen wir nur den Mythos von *Anzu*, der *Enlil* die «Schicksalstafel» raubte. «Kupfer» erinnert an «Silber», das in einem hurritisch-hethitischen Mythos als Gegner des Wettergottes erscheint. Züge *Ninurta*s als «Chaoskämpfer» wurden auf *Marduk* übertragen.

In mittelassyr. Zeit wurde *Ninurta* zum Schutzherrn der assyrischen Könige. Dies ist vor dem Hintergrund zu sehen, daß der Reichsgott *Assur* mit *Ninurta*s Vater *Enlil* identifiziert wurde: Als irdische Repräsentanten *Assur-Enlil*s sahen sich die Könige in der Rolle *Ninurta*s, der das Reich seines Vaters verteidigt. Assurnasirpal II. setzte *Ninurta* als Stadtgott seiner neuen Residenzstadt Kalchu ein. Der moderne Name des Ruinenhügels, Nimrud, verweist auf den Nimrod der biblischen Urgeschichte (Genesis 10,8–12), dessen Name vielleicht auf *Ninurta* zurückgeht. Ein jüngerer Hymnus interpretiert die wichtigsten Gottheiten des Pantheons als seine Körperteile.

Die Heilgöttin. Die Heilgöttin ist ähnlich wie die Muttergöttin unter mehreren Namen bekannt, hinter denen sich z. T. verschiedene lokale Erscheinungsformen verbergen. Da in ihre Zuständigkeit als Heilgöttin auch die Geburtshilfe fällt, berührt sie sich funktional mit der Muttergöttin. Ihr Hauptkultort ist Isin, einer ihrer gebräuchlichsten Namen lautet daher *Ninisina* «Herrin von Isin». Mindestens ebenso häufig erscheint sie unter dem Namen *Gula*, der in seiner ältesten Schreibweise (^{d}Gu$_{2}$-la$_{2}$) als «Umarmende» verstanden werden konnte, und in seiner jüngeren (^{d}Gu-la) mit einem sum. Adjektiv für «groß» übereinstimmt. Weitere Namen sind *Nintinugga* «Herrin, die Tote belebt», *Ninkarrak*, *Meme* und *Baba* (oder *Bau*). *Ninisina*s Gemahl hieß *Pabilsaĝ(a)*, sein noch nicht aufgefundener Kultort Larak war Sitz einer der vorsintflutlichen Dynastien. *Nintinugga* war mit ihrem Gemahl *Endagga* ursprünglich in Nippur beheimatet, *Baba* als Gattin des *Ninĝirsu* in Ĝirsu. *Pabilsaĝ(a)* und *Endagga* wurden mit *Ninĝirsu* gleichgesetzt, die Heilgöttin wurde so zur Gemahlin des *Ninurta/Ninĝirsu*. Ihre Kinder sind ein als «Arzt» bezeichneter Sohn *Damu*, der aber neben ihr keine nennenswerte Rolle als Heilgott spielt, und eine Tochter *Gunura*. Ihr Attribut und Emblem ist der Hund – möglicherweise, weil man dem Hundespeichel heilende Kraft zuschrieb, doch läßt sich dies in altorientalischen Schriftquellen nicht (mehr?)

belegen. In ihrem Heiligtum in Isin wurden als Votivgaben gestiftete Hundestatuetten sowie Skelette dort bestatteter Hunde ausgegraben.

Išḫara. *Išḫara* ist eine bedeutende, in Nordsyrien beheimatete Göttin, deren Kult sich schon früh nach Mesopotamien und Kleinasien verbreitete. Sie ist bereits im 24. Jh. in den Texten aus Ebla belegt, wo ein Monat nach ihr benannt war. Eine der dortigen Schreibungen ihres Namens, ^{d}AMA.RA, besteht aus dem Wortzeichen für «Mutter» und dem Silbenzeichen RA, was wohl auf einen Aspekt als Muttergöttin hinweist. Fruchtbarkeit symbolisiert auch ihr Emblemtier, der Skorpion. Die mesopotamische Götterliste «*An = Anum*» ordnet sie dem mit *Enlil* gleichgesetzten *Dagan* zu, nennt aber an anderer Stelle *Saggar*, das vergöttlichte Singăr-Gebirge (Nord-Irak nahe der syrischen und türkischen Grenze) als ihren Gatten. Wie ihr Beiname *Bēlet-bīri* besagt, ist sie «Herrin der Opferschau».

Tiere. Oberster Gott insbesondere der wilden Tiere ist *Sumuqan/Šakkan*, ein Sohn des Sonnengottes; seine Gemahlin heißt *Ellamesi*. Viele Gottheiten sind, wie die Heilgöttin, mit einem Tier als Attribut oder Emblem assoziiert. Daneben gibt es einige Gottheiten, die prototypisch bestimmte Tierarten repräsentieren, wie die göttliche Wildkuh *Ninsu(mu)n*, die Frau des Lugalbanda und Mutter des Gilgameš, den Schlangengott *Neraḫ* oder den Mungo-Gott *Ninkilim*.

«Tammuz-Gestalten». Nach *Dumuzi/Tammuz*, dem Geliebten der *Inanna/Ištar*, ist der Typus eines jugendlichen, saisonal in der Unterwelt verschwindenden, sterbenden und wiederauferstehenden Gottes benannt. Während *Dumuzi/Tammuz* hauptsächlich den Zyklus des Hirtenjahres widerspiegelt, repräsentieren andere «*Tammuz*-Gestalten» die Vegetation und insbesondere das Getreide, das wächst, geerntet, gemahlen und wieder in die Erde gesät wird. Eine mit *Dumuzi* sich z. T. überschneidende Gottheit dieses Typs ist *Ninĝišzida*, der Sohn des *Ninazu* und Enkel *Enlil*s. Ein fragmentarisch erhaltener Mythos berichtet von seiner Bootsfahrt in die Unterwelt, in einem anderen tauscht er aus der Unterwelt Botschaften mit seiner Gemahlin *Ninazimua*. Der kleinasiatische Vegetationsgott *Telipinu*, von dessen Verschwinden mehrere Mythen berichten, gilt als Sohn des Wettergottes, der in Kleinasien und Syrien selbst Züge einer «*Tammuz*-Gestalt» besitzt.

Sturm, Regen und Gewitter: *Iškur/Adad*. Der sum. Wettergott *Iškur* galt als Sohn des Himmelsgottes *An*. Er wurde mit einem sem. Gott identifiziert, dessen Name *Hadda/u*, *Hadad* im Akk. das anlautende *h* verlor und als *Adad* normalisiert wird. Beide Namen schrieb man mit einem Keilschriftzeichen, das für Wörter der Bedeutung «Wind» steht. Jünger ist die Schreibung mittels des Zahlzeichens «10» (s. S. 50). Möglicherweise war der sum. *Iškur* von Hause aus ein Sturmgott, wohingegen der löwenköpfige Vogel *Anzu(d)* das Gewitter repräsentierte. Der sem. Name gehört zu einer Wurzel der Bedeutung «brechen, krachen» und dürfte sich primär auf einen Gewittergott bezogen haben. Attribut und Emblem des Wettergottes ist der Blitz oder ein Bündel von Blitzen. Er ist aber auch für den Regen zuständig, wie z. B. der Sintflut-Mythos in aller Deutlichkeit vor Augen führt. Außerdem besitzt er einen kriegerischen Aspekt. Südmesopotamische Rollsiegel des ausgehenden 3. Jt.s zeigen ihn auf einem Wagen, der von einem Mischwesen aus Löwe und Raubvogel gezogen wird. Dieser «Löwengreif» wurde vom Stier verdrängt, der als Tier des Wettergottes in Syrien und Anatolien beheimatet ist, während er in Sumer vor allem mit dem Mondgott assoziiert war.

Da die Landwirtschaft im südlichen Zweistromland auf künstlicher Bewässerung beruhte, stand der Wettergott dort hinter anderen Gottheiten an Bedeutung zurück. Sein Titel als oberster «Kanalinspektor» ist dortigen Verhältnissen angepaßt; er hängt insofern mit seinem primären Charakter zusammen, als der Wasserstand der Flüsse und Kanäle von dem im Gebirge niedergehenden Schnee und Regen abhängt. *Iškur/Adad*s Gemahlin, sum. *Medimša*, meist aber akk. *Šala* genannt, repräsentiert wohl den Regen oder Nebel. Sie ist wahrscheinlich mit einer auf Rollsiegeln dargestellten nackten oder ihren Schleier lüftenden Göttin zu identifizieren, die auf dem Stier des Wettergottes steht. Aus unklaren Gründen ist *Adad* zusammen mit dem Sonnengott *Šamaš* für die Opferschau zuständig; möglicherweise führte man Veränderungen in den Eingeweiden auf meteorologische Ursachen wie Blitze zurück. *Iškur/Adad* hatte in Babylonien mehrere, als Städte wenig bedeutende Kultzentren (Muru, Karkara, Ennegi), die alle mit demselben Zeichen wie sein Name geschrieben wurden.

In Kleinasien und Syropalästina – Regionen, in denen Regenfeldbau betrieben wurde – nahm der Wettergott in seinen verschiedenen lokalen und nationalen Ausprägungen einen hohen, meist sogar den höchsten Rang ein. Unter den Wettergottgestalten Kleinasiens ragt neben dem «Wettergott von Ḫatti» der «Wettergott von Nerik» heraus, dessen Kultstadt nördlich von Ḫattuša lag. In Syrien war Ḫalab, das heutige Aleppo, ein überregional bedeutendes Kultzentrum des Wettergottes.

Der sem. *Hadda/u* wurde dort in der 1. Hälfte des 2. Jt.s vom hurritischen *Teššub* überlagert. Dieser wurde – zusammen mit seiner Gemahlin *Ḫepat* und seinen beiden Stieren *Šer(r)i* und *Ḫurra/i* – auch ins hethitische Pantheon übernommen, wo er mit dem Wettergott von Ḫatti gleichgesetzt wurde. Im heth. «*Kumarbi*-Zyklus» kämpft er mit *Kumarbi* – der dem sum.-bab. *Enlil*, dem obermesopotamischen *Dagan* und dem ugar. *Il* entspricht – um die Vorherrschaft.

In anatolischen und noch deutlicher in ugaritischen Mythen erscheint der Wettergott als «*Tammuz*-Gestalt» (s. S. 71). Ugaritische Texte bezeichnen ihn fast immer mit dem zum Eigennamen gewordenen Titel *Baʿl* «Herr», der Name *Hadd* wird selten verwendet. Ähnlich wie der griechische Zeus auf dem Olymp, residiert *Baʿl* auf dem hoch übers Meer aufragenden Berg Ṣapān (oder Ṣapūn, hebr. Ṣāphôn), den die Hethiter *Ḫazzi* und die Griechen *Kasios* nannten. Über ihm walten nur der Göttervater *Il* und seine Gemahlin *Aṯirat*. Zwischen *Baʿl* und *Il* besteht ein spannungsvolles Verhältnis, das allerdings nicht so stark von Rivalität gekennzeichnet ist wie das zwischen *Teššub* und *Kumarbi*. *Baʿl*s Gefährtin ist *ʿAnat*, seine Boten sind *Gapn*

«Weinrebe» und *Ugār* «Flur». Zu seinem engeren Umkreis gehören die (auch als seine Töchter bezeichneten) Göttinnen *Pidray*, *Ṭallay* (zu *ṭall* «Tau») und *Arṣay* (zu *arṣ* «Erde»); *Pidray* wurde auch mit *Ḫepat*, der Gemahlin des Wettergottes von Ḫalab, identifiziert. Ein von dem gelehrten Schreiber *Ilumalku* um die Mitte des 13. Jh.s aufgezeichneter, leider nur lückenhaft erhaltener Mythenzyklus erzählt vom Kampf *Baʿl*s mit dem Meeresgott *Jamm*, dem Bau seines Palastes auf dem Ṣapān und von seiner Auseinandersetzung mit dem Tod(esgott) *Mōt*. *Baʿl* unterliegt diesem zunächst und stirbt. In seiner Abwesenheit soll ihn *ʿAṯtar* ersetzen, doch der Thron ist zu groß für ihn. Die Sonnengöttin *Šapš* und *Baʿl*s Gefährtin *ʿAnat* finden und bestatten seinen Leichnam, *ʿAnat* besiegt und zerstückelt *Mōt*, *Baʿl* ersteht von den Toten, liefert die eigenen Brüder aber *Mōt* zum Fraß aus, wohl als Ersatz. Unter dem Namen *Adonis* haben die Griechen eine phönizische Erscheinungsform des Gottes rezipiert; sein Name geht auf den mit *Baʿl* «Herr» gleichbedeutenden phönizischen Titel *Adōn* zurück.

Unterwelt: *Ereškigal* und *Nergal*. Die Verstorbenen existieren als «Totengeister» (sum. *gidim*, akk. *eṭemmu*) in der Unterwelt weiter, im «Haus der Finsternis», «über das Stille gebreitet ist». «Ihre Speise ist Erde, ihr Essen Lehm», «wie Vögel sind sie mit einem Flügelgewand bekleidet» (Zitate aus «*Ištar*s Höllenfahrt»).Von den Lebenden müssen sie mit Totenopfern versorgt werden, andernfalls treiben sie ihr Unwesen auf der Erde. Die Unterwelt ist durch sieben Tore gesichert. Sie wird «(Große) Erde» und «Große Stadt» genannt, aber auch *kur*, das im Sum. sowohl «Berg» als auch «(Fremd-)Land» bedeutet. In der Unterweltsbezeichnung *kur-nu-gi(a)* «*kur* ohne Wiederkehr» wird es gewöhnlich als «Land» wiedergegeben, doch schwingt darin auch die Vorstellung vom Totenreich als «Berg» mit, der nach *Lugale* von *Ninurta* aus dem Leichnam des *Asag/Asakku* geschaffen wurde.

Die Traditionen über die Unterweltsgottheiten in den Götterlisten und Mythen lassen sich nicht mehr völlig entwirren. Als Unterweltskönigin erscheint hauptsächlich *Ereškigal(a)*, deren sum. Name «Herrin Große Erde» bzw. (jünger) «Herrin der Großen Erde» bedeutet; er überlebte bis in spätantike Zeit in griech. Zauberpapyri und auf Amuletten. Weitere Namen der Unterweltsgöttin sind *Allatum*, *Laz*, *Mam(m)a/i* und *Mammītum*. *Mam(m)a/i* ist auch ein Name der Muttergöttin, die Übereinstimmung verweist vielleicht auf eine vorgeschichtliche Gestalt, welche die Funktionen einer Mutter- und Totengöttin vereinte. Männlicher Unterweltsherrscher ist in erster Linie *Nergal*. Sein Name geht wohl auf sum. *en eri-gal* «Herr Große Stadt» zurück. *Nergal*s Hauptkultort ist Kutha, sein dortiger Tempel heißt *(E-)Meslam*. Er repräsentiert wohl eine mythische Lokalität, auf die sich auch *Nergal*s zweiter Name *Meslamta'ea* «der aus dem *meslam* Hervorgekommene» bezieht. Hinter *Erra*, einem weiteren Namen *Nergal*s, steckt eine ursprünglich selbständige Gottheit vielleicht sem. Urprungs, auch Verwandtschaft mit dem luwischen Pestgott *Jarri* wird erwogen. *Ereškigal* und *Nergal* waren zunächst jeweils mit einem weniger bedeutenden Partner verbunden: *Ereškigal* mit *Gugalanna* (beider Sohn war *Ninazu*, von dem wiederum *Ninĝišzida* abstammt), *Nergal* mit *Laz*. Der Mythos «*Nergal* und *Ereškigal*» erzählt, wie *Nergal* zum Gemahl der Unterweltsgöttin *Ereškigal* wurde. *Nergal/Erra* ist nicht nur Unterweltsherrscher, sondern auch Seuchen- und Kriegsgott. Sein Wesir ist *Ḫendursaĝa/Išum*, sein Bote der Todesgott *Namtar*. Zum großen Kreis der Unterweltsgottheiten gehören neben zahlreichen Dämonen auch die für das Gefängnis zuständige Göttin *Nungal* mit ihrem Gatten *Birtu(m)* «Fessel». Verstorbene Herrscher wie Gilgameš und Ur-Nammu konnten Unterweltsrichter werden. Fremde Gottheiten wurden von den Verfassern der Götterlisten vielfach als Unterweltsgottheiten eingeordnet. Außermesopotamische Unterweltsgottheiten sind u. a. die Göttin *Lelwani* in Kleinasien und der in Syropalästina beheimatete, bis nach Ägypten verbreitete *Rašap*, dessen Name noch im Alten Testament (als *Räšäph*) erhalten ist.

Dämonen. Auch Dämonen (für die es keinen altorientalischen Oberbegriff gibt) zählen zu den göttlichen Wesen, viele sind mit der Unterwelt assoziiert, doch wird oft der Himmelsgott *An* als ihr Vater genannt. Die meisten sind böser Natur wie z. B. die «(Bösen) Sieben» (d. h. die Plejaden), die Kindbettfieber auslösende *Lamaštu*, der eine schlimme Hautkrankheit verursachende *Samana*, die Unterweltsschergen *Galla* (besser *Gulla*) und das «Windmädchen» (*W)ardat lilî*, deren Name als Lilith fortlebt. Von guter Natur ist trotz seines furchterregenden Aussehens der die *Lamaštu* abschreckende Winddämon *Pazūzu*.

Marduk. *Marduk*, der Stadtgott von Babylon, tritt, von wenigen unsicheren Belegen abgesehen, erst im 18. Jh. in Erscheinung und steigt in den folgenden Jahrhunderten zum Oberhaupt des babylonischen Pantheons auf. Seine Frühgeschichte liegt im dunkeln. Die altorientalischen Schreiber führten seinen Namen auf sum. **amar Utu-k* «Kalb des (Sonnengottes) Utu» zurück und schrieben ihn mit den entsprechenden Wortzeichen ^{d}AMAR.UTU. Mythologisch hat *Marduk* allerdings nichts mit dem Sonnengott zu tun. Er wurde vielmehr mit *Tutu*, dem alten Stadtgott von Borsippa, vor allem aber mit dem Beschwörungsgott *Asalluḫi* gleichgesetzt und damit in die Familie von dessen Vater *Enki/Ea* integriert. Man hat die Namensanalyse der Schreiber als «volksetymologische» Fehldeutung angezweifelt und mit der Möglichkeit gerechnet, daß *Marduk*s Name aus einer unbekannten Substratsprache stammt. Seine Bildeweise entspricht allerdings einem in frühdynastischer Zeit geläufigen sum. Personennamentyp, wie ihn z. B. Amar-Su'ena(k) «Kalb des (Mondgottes) Su'en» repräsentiert. Daher scheint es nicht ausgeschlossen, daß hinter *Marduk* ein vergöttlichter Herrscher steckt. Etymologischer Spekulation verdankt wohl eher *Marduk*s Emblem, der Spaten, seine Existenz, denn «Spaten» heißt sum. *mar*, akk. *marru(m)*. Sein Emblemtier, den «Schlangendrachen», erbte *Marduk* wohl von *Tišpak*, dem Stadtgott von Ešnunna, nachdem dieser Stadtstaat, einer der mächtigsten Rivalen Babylons, von König Ḫammurapi (1792–1750) besiegt worden war. Die Expansion des Stadtstaates Babylon unter Ḫammurapi löste zwar *Marduk*s Aufstieg aus, doch dürfte auch seine Zuständigkeit für Magie, die im Alten Orient ein alltägliches Mittel der Lebensbewältigung war, zu seiner Popularität beigetragen haben. Einen wichtigen Schritt markierte die Rückkehr seines von den Elamern verschleppten Kultbildes unter Nebukadnezar I. (ca. 1125–1104). *Marduk*s Aufstieg zum Götterherrn wurde in dem vielleicht um diese Zeit entstandenen «Babylonischen Schöpfungsepos» *Enūma eliš* theologisch begründet.

*Marduk*s Gemahlin ist *Zarpānītu(m)*. Ihr Ursprung ist ebenso unklar wie der ihres Gemahls. Der Name scheint «die aus Zarpan» zu bedeuten, doch ist bislang kein (Kult-)Ort dieses Namens bekannt. Die Schreiber haben ihn gewaltsam etymologisiert, indem sie ihn unter Mißachtung der akk. Wortstellung auf *zēr bānītu(m)* «die den Samen/Nachwuchs Erschaffende» zurückführten. Zunächst als Bote und Schreiber *Marduk*s, dann als sein Sohn galt *Nabium/Nabû*.

*Marduk*s Kultzentrum in Babylon war nach der Schöpfungsmythologie des *Enūma eliš* der Mittelpunkt des Kosmos (wie Nippur in der *Enlil*-Theologie). Es hieß *Esaĝil(a)* «Haus, das das Haupt erhebt». Der zugehörige Stufentempel *Etemenanki* «Haus Grundfeste von Himmel und Erde» war vielleicht das Urbild der biblischen Erzählung vom «Turmbau zu Babel».

In späterer Zeit nannte man *Marduk* gewöhnlich nur *Bēl(u)* «der Herr» (akk.). Unter diesem Namen wurde er noch in römisch-parthischer Zeit verehrt. In der aramäisch-arabischen Oasenstadt Palmyra besaß *Bēl* den größten Tempel, auf seinem Fries war eine Szene aus dem *Enūma eliš* dargestellt. In Kleinasien wurde *Marduk* mit dem luwischen *Šanda* gleichgesetzt, der in noch griech. Zeit als *Sandas*, *Sandon* bezeugt ist.

Nabû. *Nabû* ist göttlicher Schreiber und Patron der Gelehrsamkeit, sein Emblem ist der Griffel. Wie *Marduk* ist er ein Spätankömmling im babylonischen Pantheon. Er beerbte in seiner Funktion die Getreidegöttin *Nissaba*. Die babylonischen Schreiber führten seinen Namen, der in älterer Zeit *Nabium* lautete, auf ein akk. Verbum mit der Bedeutung «rufen, nennen» zurück und interpretierten ihn als «der (mit Namen) Gerufene». Auf dieser Grundlage übertrugen sie ihn als *Mudugasa'a* «der mit gutem Namen Genannte» ins Sumerische. *Nabium* wurde Stadtgott von Borsippa und überlagerte dort *Tutu*, der mit *Marduk* identifiziert wurde. *Nabû* wurde zu *Marduk*s Schreiber und Sohn. Gegen Ende des 2. Jt.s stieg er neben *Marduk* zu einer Hauptgestalt des babylonischen Pantheons auf, sein Kult verbreitete sich auch in Assyrien. In der Spätzeit sind sogar Tendenzen zu erkennen, ihn zum Oberhaupt des Pantheons zu machen. Viele babylonische Herrscher trugen mit *Nabû* gebildete Namen, darunter Nebukadnezar I. (ca. 1125–1104), Nabopolassar (625–605), Nebukadnezar II. (605–562) und Nabonid (555–539). *Nabû*s Gemahlin *Tašmētu(m)* galt als Tochter des *Uraš*, des Stadtgottes der etwas südlich von Borsippa gelegenen Stadt Dilbat. Ihr von «hören» (akk. *šemû*) abgeleiteter Name korrespondiert anscheinend semantisch mit dem von «rufen» abgeleiteten Namen ihres Gemahls, doch ist die genaue Bedeutung – «Erhörung» oder «Aufeinanderhören» – unsicher.

Nabû und *Tašmētu(m)* wurden mit dem in Uruk verehrten Paar *Muati* und *Nanaja* und des weiteren mit den Hauptgottheiten des am Persischen Golf gelegenen Landes Dilmun, *Enzak* und *Meskilak*, gleichgesetzt. In späten Texten erscheint daher oft das Paar *Nabû* und *Nanaja*.

Wie sein Vater *Marduk* überdauerte auch *Nabû* das Ende der Keilschriftkultur. Die Griechen identifizierten *Nabû* und *Nanaja* mit Apoll und Artemis. In Babylonien fand *Nabû* Eingang ins Schrifttum der gnostischen Glaubensgemeinschaft der Mandäer. Zusammen mit *Bēl* wurde er in Palmyra, Dura Europos, Hierapolis und Edessa verehrt.

Assur. *Assur*, der oberste Gott des assyrischen Pantheons, war wohl ursprünglich ein mit der felsigen Anhöhe, auf der die Stadt Assur liegt, assoziierter Berggott. Er wurde von assyrischen Theologen mit der Urgottheit *Anšar* (im *Enuma eliš* Vater des Himmelsgottes *An*) und mit *Enlil* gleichgesetzt, wodurch *Ninlil* zu seiner Gemahlin wurde. Die akk. Form ihres Namens, *Mulliltu(m)*, entwickelte sich im Assyrischen zu *Mullissu*. Sie steckt hinter *Mylitta*, das Herodot (I 131) als Namen der Aphrodite bei den Assyrern erwähnt. *Ninlil*/*Mullissu* wurde wie viele andere Göttinnen mit *Ištar*, der eigentlichen Entsprechung

Aphrodites, identifiziert. Auch *Šērū'a*, ursprünglich wohl seine Tochter, galt später als *Assurs* Gemahlin.

5. Die wichtigsten Mythen

Mythen, d. h. Geschichten von Göttern oder Göttern und Menschen, die in einer nicht historisch verorteten (Vor-)Zeit spielen, deuten die Welt – insbesondere Kosmos, Zivilisation und Kult – in Hinblick auf ihr Gewordensein, sie haben also in der Regel ätiologische (begründende) Funktion. Auch Geschichte konnte auf mythischer Ebene gedeutet werden, wie dies z. B. ansatzweise im Prolog zum Codex Ḫammurapi zu beobachten ist: Wenn dort erzählt wird, daß *Anum* und *Enlil* den Stadtgott *Marduk* in den Rang *Enlils* erhoben, so reflektiert dies die neue Vormachtstellung Babylons und begründet diese theologisch. Für einige Mythen ergibt sich aus textimmanenten oder externen Indizien, daß sie bei kultischen Festen vorgetragen und sogar in Szene gesetzt wurden. Die regelmäßige rituelle Vergegenwärtigung des mythischen Geschehens sicherte die darin begründete Weltordnung. Die altorientalischen Mythen liegen nur zum Teil als selbständige Texte vor. Nicht selten sind Mythenerzählungen oder Anspielungen auf Mythen in andere Textgattungen wie Beschwörungen oder Hymnen eingebettet. Im folgenden können nicht alle altorientalischen Mythen paraphrasiert werden, es seien lediglich die wichtigsten Typen und Motive vorgestellt und durch einige wichtige Texte illustriert.

Schöpfung und Weltordnung. Die keilschriftlichen Quellen überliefern verschiedene Vorstellungen vom Werden der Welt. Schon altorientalische Schreiber und Theologen versuchten, mehrere Motive zu einem Ganzen zu verschmelzen, was sich z. B. an der Systematik von Götterlisten ablesen läßt.

Die bislang ältesten Hinweise auf einen Schöpfungsmythos finden sich in Texten aus Abū Ṣalābīḫ, die im 26. Jh.

in «UD.GAL.NUN-Orthographie» (s. S. 35f.) aufgezeichnet wurden und deswegen noch weitgehend unverständlich sind. Eine in mehreren Texten vorkommende Phrase lautet: «*Enlil*, (...) der den Himmel von der Erde, die Erde vom Himmel getrennt hat». Wir erfahren nichts Näheres über den von *Enlil* aufgespaltenen Urkosmos oder die Motive seiner Tat. Vermutlich waren *Enlil*s urweltliche Ahnen, die *Enki-Ninki*-Gottheiten, involviert. Sie sind zum ersten Mal in der Götterliste aus Šuruppag bezeugt, die noch älter sein dürfte als die Abū Ṣalābīḫ-Texte. Offenbar luden diese Gestalten schon sehr früh zu Spekulationen ein, denn ihre Namen wurden teilweise umgedeutet und umgeformt, während ihre Anzahl, die in der Götterliste aus Šuruppag nur 4 weibliche Namen umfaßte, auf 21 Paare anwuchs. In Nippur, *Enlil*s Kultzentrum, waren sie mit einer als *Du-ku(g)* «Heiliger Hügel» bezeichneten Kultstätte, wie es sie auch andernorts gab, assoziiert. Das schöpfungsmythologische Urbild des «Heiligen Hügels» ist entweder die noch ungetrennte Einheit von Himmel und Erde oder ein «Weltberg», der bei der Trennung von Himmel und Erde entstand.

Eine andere, seit Ende des 3. Jt.s bezeugte Tradition betrachtete den Himmelsgott *An* als Schöpfer. Ihr Ursprung ist wohl in *An*s Kultstadt Uruk zu suchen. Einen späten Beleg vom Anfang des 1. Jt.s bietet die folgende Schöpfungsgeschichte. Sie ist ganz auf ihren magischen Zweck zugeschnitten, nämlich die mythologische Grundlage für ein Ritual gegen Zahnschmerz zu liefern, dessen Ursache man in einem Wurm sah:

Als *Anu* den Himmel erschaffen hatte,
der Himmel die Erde erschaffen hatte,
die Erde die Flüsse erschaffen hatte,
die Flüsse die Kanäle erschaffen hatten,
die Kanäle den Morast erschaffen hatten,
der Morast den Wurm erschaffen hatte,
ging der Wurm zu *Šamaš* und weinte,
vor *Ea* flossen seine Tränen:
Was gabst du mir zu essen,
was gabst du mir zu saugen?

Ich gab dir die reife Feige, die Aprikose, den Apfel!
Was soll mir die reife Feige, die Aprikose, der Apfel?
Hebe mich hoch und setze mich zwischen Zahn und Zahnfleisch!
Vom Zahn will ich Blut saugen, vom Zahnfleisch Stückchen nagen!

Nach einer dritten Schöpfungsvorstellung ging die Welt aus einem Urmeer hervor, das in Gestalt der Göttin *Nammu* personifiziert wurde. Ihr Sohn war der Wasser- und Schöpfergott *Enki/Ea*. Diese Kosmogonie war vermutlich in Küstennähe beheimatet, wo auch *Enki*s Kultstadt Eridu lag.

Das wohl gegen Ende des 2. Jt.s entstandene, aber nur in jüngeren Manuskripten überlieferte «Babylonische Schöpfungsepos» *Enūma eliš* ist ein theologisches Werk, dem es primär darum geht, die Stellung des babylonischen Stadtgottes *Marduk* zu fundieren, der zum Oberhaupt des Pantheons aufgestiegen war. Es greift ältere Traditionen auf und überträgt Züge der höchsten Götter des älteren Pantheons, *Enlil*, *Ninurta* und *Enki*, auf *Marduk*. Wie schon erwähnt, war *Marduk* durch Identifikation mit dessen Sohn *Asalluḫi* in den Kreis des *Enki* integriert, der wiederum als Sohn der Göttin des Urmeeres *Nammu* galt. Ihr entspricht im *Enūma eliš* das Paar *Apsû* und *Tiāmat*. Ersteres war nach gewöhnlichem Sprachgebrauch der unterirdische Süßwasserozean, das mythische Reich *Enki*s. *Tiāmat* ist das zum Eigennamen stilisierte akk. Wort für «Meer», sie symbolisiert das Salzwasser. Aus beider Vermischung geht ein zweites Urgötterpaar namens *Laḫmu* und *Laḫamu* hervor. Dem Zusammenhang nach könnten sie als Personifizierung des Schlamms oder Schaums verstanden worden sein. Sie zeugen das Paar *Anšar* und *Kišar*, «Himmelsganzes» bzw. «Erdganzes». Deren Sohn ist der Himmelsgott *Anu*, von dem wiederum *Enki/Ea* abstammt. *Apsû* und *Tiamat* fühlen sich durch das laute Treiben der jüngeren Götter gestört. *Apsû*, der ihre Vernichtung plant, wird von *Ea* eingeschläfert und getötet. *Ea* macht *Apsû* zu seiner Wohnstatt und zeugt darin seinen Sohn *Marduk*. Das Motiv der gestörten Urgottheit wiederholt sich: *Tiāmat* wird von *Marduk* durch die von *Anu* geschaffenen Winde aufgestört und zieht mit einem Heer von Ungeheuern gegen die jüngeren Götter. *Marduk* besiegt und tötet sie, spaltet ihren Körper und erschafft daraus Himmel und Erde. Die Kosmogonie des *Enūma eliš* umfaßt also drei Akte: die Zeugung der Urgottheiten durch *Apsû* und *Tiāmat*, die Erschaffung von *Ea*s Wohnstatt aus dem getöteten *Apsû* und schließlich die Erschaffung von Himmel und Erde aus der getöteten *Tiāmat* durch *Marduk*. Sie stellt eine Weiterentwicklung der alten *Nammu-Enki*-Kosmogonie dar, in die das Grundmotiv der *Enlil*-Kosmogonie, nämlich die Spaltung von Himmel und Erde, integriert wurde.

Schließlich sind noch einige Mythen zu erwähnen, die von der Einrichtung der Zivilisation, ihrer Gefährdung und Verteidigung handeln. Sie involvieren die Götter *Enki* und *Ninurta*. *Enki* ist zwar in der mit ihm verknüpften Kosmogonie seiner Mutter *Nammu*, dem Urmeer, nachgeordnet, doch ist diese im Gegensatz zu ihm nicht weiter aktiv an der Schöpfung beteiligt. Als schöpferischer Handwerker ist *Enki* auch Architekt der Weltordnung und Kulturstifter. Der Mythos «*Enki* und die Weltordnung» beschreibt, wie er den verschiedenen Gottheiten ihre Domänen und Aufgaben zuteilte und mit seinem Penis Euphrat und Tigris erschuf, was auch in «*Enki* und *Ninḫursaĝa*» anklingt. Dort wird erzählt, daß er den Sonnengott *Utu* beauftragte, Wasser, d. h. wohl den Tau, aus seinem unterirdischen Süßwasserozean heraufzubringen.

Die Erschaffung des Tigris wird auch *Ninurta* zugeschrieben. Im Mythos *Lugale* kämpft er gegen *Asag/Asakku*, der ein Heer von Steinen erzeugt und damit nicht nur Sumer, sondern auch die Weltordnung unter *Enlil* bedroht. *Ninurta* gelingt es, ihn mit Hilfe seiner als Personen agierenden Waffen *Šarur* und *Šargaz* zu besiegen. Er erschafft aus *Asags* Leichnam *kur*, den «Berg», was im Sum. auch eine Bezeichnung der Unterwelt ist. *Ninurta* türmt die Steine zum Zagrosgebirge auf und faßt die Gebirgswasser zum Tigris zusammen, der fortan Sumer bewässert. Die Steine, die als Bodenschätze zu *Ninurta*s Domäne gehören, werden teils gesegnet, teils verflucht. Bei seiner triumphalen Rückkehr nach Nippur macht er seinem Vater *Enlil* den Rang als Oberhaupt des Pantheons streitig. Der vielleicht in Lagaš entstandene Mythos spiegelt wohl den Versuch wider, *Ninurta/Ninĝirsu*, den Hauptgott des Stadtstaates, aufzuwerten.

Als Verteidiger der bedrohten Weltherrschaft *Enlil*s stellt ihn auch der *Anzu*-Mythos dar: Der dämonische Löwenadler *Anzu* raubt die «Schicksalstafel», die *Enlil* beim Baden abgelegt hat, und *Ninurta* erobert sie zurück. In dem nur fragmentarisch erhaltenen Mythos «*Ninurta* und die Schildkröte», der offenbar einem konkurrierenden politisch-theologischen Milieu entstammt, treffen *Ninurta* und *Enki* aufeinander: *Ninurta* hat den *Anzu* bezwungen, doch dieser hat die «Schicksalstafel» in den Abzu, das Reich *Enki*s, fallen lassen, der hier vielleicht als der ursprüngliche Besitzer gilt. *Anzu* bringt *Ninurta* zu *Enki*, der ihn ehrenvoll empfängt. Als er jedoch bemerkt, daß *Ninurta* selbst nach der Weltherrschaft strebt, demütigt er ihn: Er erschafft eine riesige Schildkröte und setzt sie an den Eingang des Abzu, *Ninurta* fällt in die von ihr geschaufelte Grube. Das Ende des Mythos kennen wir nicht, da der Text an dieser Stelle abbricht.

Der Thematik «Weltordnung» läßt sich ferner der Mythos «*Inanna* und *Enki*» zuordnen, in dem die Göttin dem betrunkenen *Enki* die *me* entwendet und in ihre Stadt Uruk bringt; der Ausgang der Geschichte ist allerdings noch unbekannt. Möglicherweise besteht ein Bezug zu einer Episode in «*Enki* und die Weltordnung», wo sich *Inanna* bei *Enki* beschwert, daß er ihr nicht wie den anderen Gottheiten eine Funktion zugeteilt habe; *Enki* entgegnet, daß sie bereits in deren Besitz sei und nennt Sexualität, Hirtentum (ihr Geliebter *Dumuzi* ist Hirte) und Krieg.

Götterkämpfe und Sukzessionsmythen. Der Wechsel an der Spitze des Pantheons wird im *Enūma eliš* mythologisch friedlich gelöst, um nicht zu sagen: durch einen Generationenkonflikt zwischen Urgöttern und jüngeren Göttern vertuscht. Ein anderes Schema, in dem der Kampf um die Vorherrschaft dominiert, finden wir im «*Kumarbi*-Zyklus», der in hethitischer Sprache überliefert ist, jedoch auf hurritischen und mesopotamischen Traditionen fußt. Seine Hauptgestalten sind *Kumarbi*, der mit *Dagan* und *Enlil* identifiziert wurde, und der Wettergott unter seinem hurritischen Namen *Teššub*. In den beiden Hauptgestalten und den mit ihnen verwandten und verbündeten Gottheiten stehen sich Erd- und Himmelsgötter gegenüber. Der Mythos wurde offenbar im Rahmen eines Kultfestes vorgetragen, denn zu Beginn werden die Urgötter, zu denen hier auch *Enlil* und *Ninlil* zählen, zum Zuhören aufgefordert. Es folgt ein «Sukzessionsmythos»: *Alalu* herrscht neun Jahre im Himmel, dann unterliegt er dem *Anu* und flüchtet in die «dunkle Erde». *Anu* wird nach neun Jahren von seinem Mundschenk *Kumarbi*, einem Sohn des *Alalu*, entthront und flieht zum Himmel. *Kumarbi* packt ihn an den Beinen und verschlingt sein Geschlechtsteil. Dem lachenden *Kumarbi* verkündet *Anu*, daß er ihn mit dem Wettergott (*Teššub*), dem Fluß *Aranzaḫ* (Tigris) und drei weiteren Göttern geschwängert habe. In lückenhaftem Kontext wird berichtet, daß einer von diesen mit Hilfe *Ea*s aus dem Kopf *Kumarbi*s geboren wird und daß *Kumarbi* seine Kinder bis auf *Teššub* verschlingt. Auch die weiteren Teile des Zyklus sind nur lückenhaft erhalten, ihre Anordnung z. T. unsicher. Als Grundmotiv zeichnet sich ab, daß *Kumarbi* die Herrschaft des Wettergottes zu verhindern sucht und zu diesem Zweck monströse Söhne zeugt, darunter das Seeungeheuer *Ḫedammu*. Es kann durch die Verführungskünste der Göttin *Šauška*, der hurritischen Entsprechung der mesopotamischen *Ištar*, aus dem Wasser gelockt (und vermutlich bezwungen) werden. Schließlich zeugt *Kumarbi* mit einem gewaltigen Felsen einen Basaltriesen mit dem sprechenden Namen *Ullikummi* «Vernichte Kummi» (d. i. die Residenz des Wettergottes). Er wird der Schulter des *Upelluri*, einer hurr. Atlasgestalt, implantiert und wächst dort zu gewaltiger Größe heran. Da er taub und blind ist, versagen an ihm die Künste der *Šauška*. Mit Hilfe des von *Ea* beschafften Bronzemessers, mit dem einst Himmel und Erde getrennt wurden, kann *Ullikummi* von *Upelluri*s Schulter geschnitten werden. Der unvollständig erhaltene Text endete wohl mit dem Sieg des Wettergottes. Mehrere Motive des *Kumarbi*-Zyklus finden sich in der griech. Mythologie wieder; sie wurden wahrscheinlich in Kleinasien rezipiert. So entsprechen den aufeinander folgenden Götterkönigen *Anu*, *Kumarbi* und *Teššub* auf griech. Seite *Uranos*, *Kronos* und

Zeus; *Uranos* wird von *Kronos* entmannt wie *Anu* von *Kumarbi*; wie *Kumarbi* verschlingt *Kronos* seine Kinder; auch die Geburt Athenes aus dem Kopf des Zeus hat ein altorientalisches Vorbild.

Hurritische Einflüsse verrät der akk. «*Ḫarab*-Mythos», der etwa im 8. oder 7. Jh. in Assyrien aufgezeichnet wurde. Noch breiter als im «*Kumarbi*-Mythos» ist hier das Sukzessionsmotiv durchgeführt: Sieben Göttergenerationen lösen einander ab, wobei Vatermord und inzestuöse Verbindungen mit Mutter oder Schwester im Spiele sind. Das erste Paar sind *Ḫarab*, der personifizierte «Umbruchpflug», und die Erde. Durch das erste Pflügen entstehen das Meer und *Šakkan*, der Gott der Steppentiere, welcher seinen Vater tötet und sich mit seiner Mutter vereinigt. Die Handlung wird in einer Stadt Dunnu lokalisiert (es gab mehrere dieses Namens), und für die sukzessiven Regierungsantritte der einzelnen Götter werden konkrete Monatsdaten angegeben: Beides weist auf einen kultischen Hintergrund hin.

Menschenschöpfung. Die mesopotamischen Mythen über die Menschenschöpfung enthalten meist drei Komponenten: (1) die Zweckbestimmung des Menschen; (2) die an seiner Erschaffung beteiligten Gottheiten; und (3) den Schöpfungsakt selbst. Die Mythen stimmen darin überein, daß der Mensch erschaffen wurde, um die Götter von der Arbeit zu entlasten und sie durch Kultivierung des Landes und den darauf beruhenden Opferkult zu versorgen. Da die Menschen dabei auch sich selbst versorgen, bilden Götter und Menschen zusammen praktisch einen kosmischen Haushalt. Wie prägend die Arbeit für das mesopotamische Menschenbild ist, zeigt eine verblüffende Formulierung zu Beginn des altbab. *Atraḫasīs*-Mythos:

> Als die Götter Mensch waren,
> trugen sie Frondienst, schleppten sie den Tragkorb.

Diese Situation führt dazu, daß die arbeitenden Götter gegen *Enlil* rebellieren und drohend vor seinem Palast erscheinen. Was die Menschenschöpfung selbst und die daran mitwirkenden

Gottheiten betrifft, so lassen sich zwei Traditionen unterscheiden: Nach der einen, schwächer bezeugten, sprossen die Menschen wie Pflanzen aus der Erde, nach der weitaus gängigeren wurden sie aus Lehm gebildet. Erstere Vorstellung war wohl mit der *Enlil*-Kosmogonie verknüpft. Der Einleitung zum sumerischen «Preislied auf die Hacke» zufolge ließ *Enlil* die Menschheit aus dem Urhügel in Nippur hervorsprießen, der dementsprechend auch den Namen *uzu-mua* «(Ort, wo) das Fleisch wuchs» führt, nachdem er ihre Saat mit Hilfe der Hacke in eine Ziegelform gelegt hatte. In einer späteren, wohl durch die *Enki*-Tradition beeinflußten Variante geschah dies, nachdem die Erde mit dem Blut eines geschlachteten Götterpaares getränkt worden war («KAR 4-Mythos»). Die Bildung des Urmenschen aus Lehm gehört in die *Nammu-Enki*-Kosmogonie. Ältester Zeuge ist der sumerische Mythos «*Enki* und *Ninmaḫ*». An der Erschaffung des ersten Menschen beteiligt sind hier die bereits als Personifikation des Urozeans bekannte Göttermutter *Nammu*, ihr Sohn *Enki* und die Muttergöttin *Ninmaḫ*, assistiert von sieben göttlichen Geburtshelferinnen. Eine ähnliche Konstellation findet sich im «Atraḫasīs-Epos»: Wieder sind es *Ea* und die von Geburtshelferinnen unterstützte Muttergöttin, die den Menschen erschaffen und dessen geschlechtliche Vermehrung einrichten. Eine Priorität des Mannes, wie sie der biblische Mythos von der Erschaffung Evas aus der Rippe Adams impliziert, ist höchstens indirekt zu erkennen, insofern das akk. Wort für «Mensch» maskulin ist, sie wird aber nicht thematisiert. Von der Urmutter *Nammu* ist später nicht mehr die Rede. Andererseits kommt ein neues Motiv hinzu: Für die Menschenschöpfung wird ein Gott, nämlich der Anführer der Frondienst leistenden, gegen *Enlil* rebellierenden Götter, geschlachtet und sein Blut mit Lehm vermischt. Im *Enūma eliš* schließlich sind es *Ea* und sein Sohn *Marduk*, die den ersten Menschen erschaffen, der zu diesem Zweck geschlachtete Gott ist *Tiāmat*s Heerführer *Qingu*. Es fällt auf, daß in der *Enlil*-Tradition ein weibliches Element fehlt, während es in der *Enki*-Tradition zunächst eine entscheidende Rolle spielt, um dann im Laufe der Geschichte zu verschwinden. Wie in der Bibel heißt der erste Mensch einfach «Mensch»: hebr. *adam*, sum. *lul(l)u*, akk. *awīl/ēlu*. Das «Atrahasīs-Epos» verflicht das akk. Wort auf kunstvolle Weise etymologisch mit dem mythischen Geschehen (wobei zu beachten ist, daß die Keilschrift wie auch das Akkadische nur bedingt zwischen den Vokalen *e* und *i* unterscheiden). Der geschlachtete Gott, der im Menschen als Totengeist fortlebt, heißt dort nämlich *Wē*, sein Name war also im Wort für «Mensch» bzw. im Namen des ersten Menschen enthalten. *Wē* wird als «Gott (*ilu*), der Verstand (*ṭēmu*) besaß» charakterisiert, und in der Tat konnte man in *awīl/ēlu* auch das Wort für «Gott» finden, während sich das Wort für den «Totengeist», *(w)eṭemmu*, als Kombination aus dem Namen des geschlachteten Gottes und dem Wort für «Verstand» deuten ließ. Auch menschliche Gebrechen wurden mythologisch reflektiert: Der zweite Teil von «*Enki* und *Ninmah*», ursprünglich ein selbständiger Mythos, berichtet, wie beide bei einem Fest, offenbar vom Biergenuß stimuliert, einen Wettstreit austragen: Die Muttergöttin erschafft defizitäre menschliche Wesen, denen *Enki* jeweils einen Platz in der Gesellschaft zuweist; so bestimmt er etwa den Blinden zum Musiker. *Enki* erschafft dann seinerseits ein mit zahlreichen Mängeln behaftetes Wesen (einen Fötus oder einen Greis?), und *Ninmah*, die damit nichts anfangen kann, muß sich geschlagen geben.

Götterhochzeiten und -zeugungen. Zwei sehr unterschiedliche Mythen berichten von *Enlils* Hochzeit. «*Enlil* und *Ninlil*» erzählt, wie *Enlil* das Mädchen *Ninlil* beim Baden vergewaltigt und sie zunächst mit dem Mondgott *Nanna/Sîn* schwängert. Dann zeugt er mit ihr noch den Unterweltsgott *Nergal/Meslamta'ea* und zwei weitere Götter, die ebenfalls Affinitäten zur Erde und Unterwelt besitzen, *Ninazu* und *Enbilulu*. *Enlil* wird somit zum Herrscher über die Erde und die Unterwelt, die im Sum. und Akk. mit demselben Wort «Erde» bezeichnet werden können. Die Verbindung des Mondgottes mit so ungleichen Brüdern könnte durch eine spekulative Deutung der Schreibung seines Namens *Nanna* gefördert worden sein: Er wurde nämlich durch eine Kombination der Zeichen ŠEŠ für «Bruder» und

KI für «Erde, Unterwelt» dargestellt (letzteres ist aus einem alten NA hervorgegangen, wovon die Schreiber aber nichts mehr wußten). Im Gegensatz zu «*Enlil* und *Ninlil*» schildert «*Enlil* und *Sud*» eine konventionelle Brautwerbung und Hochzeit. Eine solche steht auch im Mittelpunkt von «*Martu*s Hochzeit», doch handelt es sich hier um ein ungewöhnliches Paar: *Martu*, der Gott der amurritischen Nomaden, heiratet die Tochter eines Seßhaften, des Stadtgottes *Numušda* von Kazallu.

Wie *Enlil* bricht auch *Enki* sexuelle Tabus: In «*Enki* und *Ninḫursaĝa*» zeugt er mit seiner Partnerin, der Muttergöttin, eine Tochter, die er mit einer weiteren Tochter schwängert. Der Vorgang wiederholt sich zweimal. Als sich *Enki* der vierten Tochter nähert, überträgt die Muttergöttin seinen Samen auf 8 Pflanzen, die *Enki* aufißt (die auf den Inzest bezogene Symbolik ist deutlich), worauf er erkrankt. Die Muttergöttin verflucht ihn und verschwindet. Der Fuchs bietet *Enki* seine Hilfe an und bringt sie zurück. Er zeugt mit ihr 8 weitere Gottheiten, die seine erkrankten Glieder heilen. Hierbei ist eine Ätiologie für die Entstehung dieser Gottheiten zu erkennen, die auf ihre Namen rekurriert, denn diese werden jeweils etymologisch zu einem Körperteil in Beziehung gesetzt. Die Geschichte ist offensichtlich eine mythologische Begründung des Inzestverbots.

Der Mythos «*Nergal* und *Ereškigal*» erklärt, warum und wie die Verbindung der zwei ursprünglich selbständigen Unterweltsgottheiten zustandekam: Als die Boten der Unterweltskönigin in der Götterversammlung erscheinen, um ihren Anteil vom Mahl zu holen, läßt es *Nergal* am gebührenden Respekt fehlen, woraufhin *Ereškigal* seine Auslieferung fordert. *Nergal* gelingt es mit Hilfe *Ea*s, unbeschadet in die Unterwelt zu gelangen und *Ereškigal* zur Frau zu gewinnen.

Verschwundene Gottheiten. Viele altorientalische Mythen handeln von Gottheiten, die zeitweise verschwinden, wobei mehr oder weniger deutliche Bezüge zu den Jahreszeiten erkenntlich sind und Protagonisten wie Handlungen den unterschiedlichen geographischen Bedingungen entsprechend variieren. In diese Kategorie läßt sich eines der bekanntesten und am besten erhaltenen altorientalischen Literaturwerke einordnen, das in einer älteren sumerischen Fassung («*Inanna*s Gang zur Unterwelt») und einer jüngeren akkadischen («*Ištar*s Höllenfahrt») erhalten ist. Die Göttin beschließt, in die Unterwelt hinabzusteigen. Als (vorgeschobenen?) Grund nennt sie dem Türhüter, an der Totenfeier für *Ereškigal*s Gemahl *Gugalanna* (anscheinend ein Vorgänger *Nergal*s, über den wir so gut wie nichts wissen) teilnehmen zu wollen. Sie durchschreitet die 7 Tore der Unterwelt, wobei sie jeweils eines ihrer Schmuck- und Kleidungsstücke ablegen muß, bis sie schließlich nackt vor der Unterweltskönigin erscheint. Beim Versuch, deren Thron einzunehmen, unterliegt sie und wird getötet, was nach der akk. Fassung das Erlöschen aller sexuellen Aktivitäten auf der Erde zur Folge hat. Ihre Botin *Ninšubur* (sum. Fassung) bzw. der Götterbote *Papsukkal* (akk. Fassung) suchen bei mehreren Göttern Hilfe und finden sie schließlich bei *Enki/Ea*. Nach der sum. Fassung erschafft er aus dem Schmutz seiner Fingernägel den *kurĝarra* und den *galaturra*, zwei burleske Gestalten des *Ištar*-Kults, die in Gestalt von Fliegen in die Unterwelt eindringen. Nach der akk. Fassung erschafft *Ea* den «Buhlknaben» *Aṣûšunamir* («sein Auftritt ist prächtig») und sendet ihn in die Unterwelt. In beiden Fällen handelt es sich offensichtlich um eine Ätiologie für die Existenz dieser Personen. Nun wird *Ereškigal* von *Enki*s Geschöpfen (sexuell?) getröstet, verspricht aber zuvor, einen Wunsch zu erfüllen. Dieser besteht natürlich in der Herausgabe von *Inanna*s Leichnam, der mit «(Kraut und) Wasser des Lebens» wiederbelebt wird. *Ereškigal* verflucht den «Buhlknaben» zu einem elenden Dasein (was wohl der realen Situation von Prostituierten entsprach). *Inanna* darf die Unterwelt wieder verlassen und erhält beim Durchschreiten der Tore ihre Paraphernalien zurück. Allerdings muß sie zurückkehren, sollte sie keinen Ersatz leisten. In der sum. Fassung wird sie deswegen von Unterweltsdämonen begleitet, in der akk. Fassung vom Todesgott *Namtar*. Nach der sum. Fassung trifft sie zunächst auf drei Gottheiten, die um sie trauern und daher verschont werden, dann auf ihren Geliebten *Dumuzi*, der ein Fest feiert. Als sie ihn ausliefern will, flieht er, unterstützt vom Sonnengott *Utu*, der ihn in eine Schlange (?) verwandelt, zu seiner Schwester *Geštinanna*. *Inanna* spürt ihn jedoch mit Hilfe einer Fliege auf, die damit belohnt wird, sich künftig «im Bierhaus» laben zu dürfen. Sie überantwortet *Dumuzi* als Ersatz für sich der Unterwelt, er darf sein Los aber mit seiner Schwester *Geštinanna* teilen, so daß beide abwechselnd ein halbes Jahr in der Unterwelt verbringen. *Dumuzi*s Flucht und Tod sind Gegenstand der sum. Dichtungen «*Dumuzi*s Traum» und «*Dumuzi* und *Geštinanna*». Die akk. Fassung kürzt den sicherlich gut bekannten Schluß und weicht u. a. darin von der sum. Fassung ab, daß *Namtar* in *Ereškigal*s Auftrag *Dumuzi* zu dem für ihn tödlichen Fest anstiftet; außerdem erscheint dort *Belili* anstelle von *Geštinanna* als *Dumuzi*s Schwester. Die letzten Zeilen spielen auf ein Fest an, bei dem mit *Dumuzi* auch die Toten aus der Unterwelt heraufsteigen. Es liegt nahe, daß der Mythos bei dieser Gelegenheit vorgetragen wurde, was auf einen jahreszeitlichen Hintergrund schließen läßt. Er muß, da *Dumuzi* als Hirt charakterisiert ist, mit der Fruchtbarkeit der Schafherden zu tun gehabt haben. Man hat in «*Inanna*s Gang zur Unterwelt» neben jahreszeitlichen auch astrale (*Inanna* als Venusstern) und historische (*Inanna* als Reichsgöttin der Akkad-Dynastie) Bezüge erkennen wollen. Alle drei müssen sich nicht gegenseitig ausschließen, zumal bei einer langen Überlieferungsgeschichte und der Rezeption in geographisch unterschiedlichen Regionen mit Umdeutungen und Adaptationen zu rechnen ist.

Mythen von verschwundenen Gottheiten sind charakteristisch für Kleinasien. Sie handeln u. a. vom Vegetationsgott *Telipinu*, dem Wettergott und dem Sonnengott. Im Gegensatz zu Südmesopotamien, wo am ehesten der heiße, mit Dürre einhergehende Sommer als «tote» Jahreszeit gelten kann, ist dies in Anatolien der Winter. Im hethitischen Mythos vom verschwundenen Sonnengott ist der jahreszeitliche Bezug evident, denn die Folge seines Verschwindens ist winterlicher Frost. Aber auch Folgen von *Telipinu*s Verschwinden wie Nebel und Rauch weisen auf die kalte Jahreszeit. Andererseits gibt es Indizien dafür, daß die Mythen und die mit ihnen verbundenen Rituale auch auf «Notzeiten» außerhalb des Jahreszeitenrhythmus bezogen wurden. Die Suche nach der gewöhnlich aus Zorn verschwundenen Gottheit läuft meist nach einem bestimmten Muster ab: Eine erste, allgemeine Suche bleibt erfolglos; es wird ein Adler ausgesandt – wiederum ohne Erfolg; schließlich sendet die weise Muttergöttin *Ḫannaḫanna* eine Biene aus, die die gesuchte Gottheit findet, durch ihren Stich aufweckt und zurückbringt. Im ugar. «*Baal*-Zyklus» ist das Motiv als Kampf des Wettergottes *Baʿl* gegen den Todesgott *Mōt* gestaltet, in dem beide abwechselnd siegen und unterliegen.

Sintflut. Im 2. und 1. Jt. war das Geschichtsverständnis der Bewohner Mesopotamiens durch eine tiefe Zäsur geprägt: die «Flut». Die Zeit vor der Flut war die mythische Vergangenheit. Nach der «Sumerischen Königsliste» herrschten damals vier bis fünf aufeinanderfolgende Dynastien, deren Königen man – wie den Patriarchen der biblischen Urgeschichte – enorm lange Lebenszeiten andichtete. Über Anzahl und Reihenfolge der vorsintflutlichen Dynastien gab es leicht variierende Traditionen. Einigkeit bestand darin, daß, «nachdem das Königtum vom Himmel herabgekommen war», Eridu Sitz der ersten und Šuruppag Sitz der letzten vorsintflutlichen Dynastie war; die anderen residierten in Badtibira, Larak und Sippar. Wir wissen nicht, wann genau die Idee einer großen Flut aufkam. In den frühdynastischen Texten aus Šuruppag selbst ist sie jedenfalls noch nicht belegt. Auch ein historischer Kern läßt sich nicht ausmachen. Eine plausible Annahme ist, daß sich im Mythos die akkumulative Erfahrung der jährlichen Hochflut von Euphrat und Tigris verdichtet hat. Da Sintflutmythen weltweit verbreitet sind, läßt sich auch die Rezeption außermesopotamischen Erzählgutes nicht ausschließen. Der Name des Sintfluthelden ist in den Quellen – der «Sumerischen Sintfluterzählung», dem akk. «Atraḫasīs-Epos» und der XI. Tafel des Gilgameš-Epos – verschieden: *Zi-u-sudra* «(mit) Leben langer Tage (begabt)» (sum.), *(W)atra(m)-ḫasīs* «überaus klug» (akk.) bzw. *Ut(a)napišti(m)*, was als «ich habe mein Leben gefunden» verstanden wurde, ursprünglich aber vielleicht eine gelehrte Wiedergabe des sum. Namens war. Im «Atraḫasīs-Epos» schließt die Sintflutgeschichte an die der Menschenschöpfung an. Auslöser ist *Enlil*s Wunsch, die an Zahl überhandnehmende Menschheit zu vernichten, da er sich durch ihr lautes Treiben gestört fühlt. Er versucht dies zunächst durch Krankheiten, dann durch Dürre mit folgender Hungersnot. Sein Plan wird jeweils durch *Ea* vereitelt, der den Menschen durch seinen Günstling Atraḫasīs rät, den jeweils zuständigen Todesgott *Namtar* bzw. Wettergott *Adad* günstig zu stimmen. *Ea*s Parteinahme wird entdeckt, er muß schwören, *Enlil*s dritten Plan, die Sintflut, nicht zu verraten, doch er umgeht den Schwur durch List, indem er zu einer Rohrwand spricht, hinter der Atraḫasīs mithören kann (im Gilgameš-Epos ist allerdings von einem Traum die Rede). Nach *Ea*s Anweisung erbaut Atraḫasīs ein gewaltiges Schiff, in dem er samt Familie und Handwerkern, Tieren und Pflanzen die Flut übersteht. Nach sieben Tagen verlaufen sich die Wasser, und das Schiff landet auf einem hohen Berg namens Nimuš (oder Niṣir), den man in der Gegend von Sulaimanijah in Irakisch-Kurdistan lokalisieren kann. Die Götter selbst waren voller Angst vor der Flut gen Himmel entflohen und hatten, allen voran die Muttergöttin, die Vernichtung der Menschheit beklagt. Sie versammeln sich nun «wie Fliegen» um das Opfer, das Atraḫasīs darbringt; dies ist, wie der Text selbst expliziert, eine Ätiologie für das «Fliegenhalsband» der Muttergöttin, eins ihrer ikonographisch nachweisbaren Attribute. *Enlil*, von *Ea* zu Vernunft gebracht, segnet Ut(a)napišti(m) und seine Frau, verleiht ihnen ewiges Leben und entrückt sie an einen fernen Ort im Meer (wo sie Gilgameš aufsucht, dem Utnapišti seine Geschichte erzählt). Nach der altbab. Fassung setzt *Enlil* nun auf *Ea*s Rat hin anstelle der Sintflut andere Mittel ein, um die Zahl der Menschheit zu dezimieren, ohne sie als ganze zu vernichten: (Todes-)Strafe für Verbrecher, Priesterinnen, die keine Kinder bekommen dürfen, und die Dämonin des Kindbettfiebers. Der mesopotamische Mythos war in variierenden Fassungen weit verbreitet, wie u. a. ein Textzeuge aus Ugarit zeigt. Er wurde auch in Israel rezipiert und fand Eingang ins Alte Testament, wo der Sintflutheld den Namen Nōaḥ trägt (Genesis 6,5–9,17). Der hebr. Text weist frappante Übereinstimmungen mit den keilschriftlichen

Fassungen auf. Dazu gehört neben der Aussendung von Vögeln, um das Zurückgehen der Flut zu erkunden, auch das abschließende Opfer Nōaḥs, das Versprechen *Elohims*, daß keine Sintflut mehr kommen werde, sowie das Zeichen dafür, der Regenbogen, der mit dem schillernden Fliegenhalsband der Muttergöttin verglichen werden kann.

Weitere Geschichten von Göttern und Menschen. Die Heldentaten legendärer Könige von Uruk (Enmerkar, Lugalbanda und Gilgameš), die in enger Beziehung zur Stadtgöttin *Inanna* und zu ihrem Bruder, dem Sonnengott *Utu*, stehen, sind Gegenstand mehrerer sum. Epen. Den Geschichten um Gilgameš war langes Nachleben beschieden (s. dazu den Band von W. Sallaberger in dieser Reihe).

Der sum. Mythos «*Inanna* und Šukalletuda» vereint mehrere Motive, deren Zusammenhang sich nicht leicht erschließt: eine Art Inspektionsreise *Inanna*s, die sie ins Bergland hinaufführt (was in Anspielung auf ihren Abstieg in die Unterwelt formuliert ist); die Erschaffung der Dattelpalme und des *šaddūf* (arab., eine Bewässerungsvorrichtung) durch *Enki*, der sich dabei eines Raben bedient; und die Vergewaltigung *Inanna*s durch den Gärtner Šukalletuda, als die Göttin sich unter einem Baum in seinem Garten ausruht. *Inanna* erwacht, erkennt, was geschehen ist, und überzieht das Land Sumer mit Blut (ein möglicher Anhaltspunkt für historische Bezüge). Sie sendet noch zwei weitere «Plagen», bis sie Šukalletuda mit *Enki*s Hilfe auffindet und mit dem Tod bestraft, wobei sie ihn damit tröstet, daß sein Name im Lied weiterleben werde.

Im «Adapa-Mythos» gerät Adapa, ein Diener des *Ea* in Eridu, beim Fischen in einen Sturm, wird ins Meer geschleudert und droht dem Südwind, ihm den Flügel zu brechen, was sich sofort auf magische Weise bewahrheitet. Der Himmelsgott *Anu* bestellt Adapa zu sich, um ihn zur Rechenschaft zu ziehen. *Ea* kleidet Adapa in ein Trauergewand und instruiert ihn, wie er sich zu verhalten habe; vor allem soll er Speise und Trank des Todes, die man ihm anbieten werde, ablehnen. Adapa trifft am Himmelstor auf die beiden Unterweltsgötter *Dumuzi* und

Giš̌zida (= *Ninĝišzida*) und schmeichelt ihnen, indem er behauptet, wegen zweier verschwundener Götter (d. h. ihretwegen) Trauer zu tragen. Lachend bringen sie ihn zu *Anu*. Adapa berichtet *Anu* seine Geschichte, *Anu* wird besänftigt, man reicht Adapa Speise und Trank des Lebens, doch gemäß *Ea*s Rat lehnt er ab. *Anu* lacht und bedauert ihn. Hier bricht der Text ab. Aus einer möglicherweise abweichenden Fassung erfahren wir noch, daß *Anu* Adapa in seinen Dienst übernimmt. Ob Speise und Trank des *Anu* ihm tatsächlich das ewige Leben beschert hätten oder gemäß *Ea*s Warnung den Tod, bleibt ungewiß. Da Adapa als Prototyp eines Weisen galt, wird man seinen Gehorsam gegenüber *Ea*s Rat jedenfalls positiv bewertet haben.

Mythen aus verschiedenen Regionen des Alten Orients thematisieren die Kinderlosigkeit, die für den altorientalischen Menschen ein großes Manko darstellte. Der älteste ist das zu Beginn des 2. Jt.s verfaßte akk. «Etana-Epos» aus Babylonien. Die Kinderlosigkeit Etanas, des sagenhaften Begründers der Dynastie von Kiš, ist mit einer Tiergeschichte verwoben. Adler und Schlange hausen in einem Baum und schließen ein Bündnis, das vom Adler gebrochen wird, indem er die Jungen der Schlange frißt. Er wird vom Sonnengott *Šamaš*, an den sich die Schlange wendet, bestraft: In einem Kadaver, den dieser in einer Grube bereitgelegt hat, lauert sie dem Adler auf und reißt ihm die Federn aus. *Šamaš*, den Etana täglich um das «Gebärkraut» anfleht, weist ihm den Weg zum Adler, und er befreit ihn. Zum Dank trägt der Adler ihn auf seinem Rücken zum Himmel, wo er von *Ištar* das Gebärkraut zu erlangen hofft. Auch im «Keret-Epos» und im «ʿAqhat-Epos» aus Ugarit geht es um kinderlose Herrscher. Beide, Keret und Danʾil, bekommen durch göttliche Hilfe Söhne. Die Titelgestalt des ʿAqhat-Epos ist Danʾils Sohn. Die Göttin *ʿAnat* begehrt seinen wunderbaren Bogen, ein Geschenk des Handwerkergottes *Kōṯar-wa-Ḫasīs*. Als er auf ihr Angebot, ihm im Tausch dafür Unsterblichkeit zu verleihen, nicht eingeht, muß er dies mit dem Tode büßen (das Ende fehlt). Im hethitischen «Appu-Märchen» verhilft der Sonnengott dem kinderlosen Appu zu zwei Söhnen, die er «Gut» und «Bös» nennt. Die Fortsetzung – «Bös» übervorteilt «Gut» – läßt das «Kain-und-Abel-Motiv» erkennen, doch auch bei diesem Text fehlt das Ende.

Das «*Erra*-Epos». Einen Sonderfall stellt das «*Erra*-Epos» (auch «*Išum* und *Erra*» genannt) dar. Es ist ein wahrscheinlich im 8. Jh. entstandener Kunstmythos, dessen Dichter sich im Epilog namentlich vorstellt und dabei sein Werk als Wiedergabe einer nächtlichen Vision ausgibt. *Erra*, der Unterwelts-, Pest- und Kriegsgott, ruht bei seiner Gemahlin, als sich in ihm – ausgelöst vom Funkeln der Waffen seines Wesirs *Išum* – der Drang zu kämpfen regt. Die dämonischen «Siebengötter» stacheln ihn endgültig dazu auf. Er überredet nun den Götterkönig *Marduk*, seinen schäbig gewordenen Ornat erneuern zu lassen und ihm solange die Herrschaft zu übertragen. *Erra* stiftet blutige Unruhen und Zerstörungen, denen sogar die Heiligtümer der Götter zum Opfer fallen; er droht die Menschheit zu vernichten (wie einst *Enlil* durch die Sintflut). *Išum*, der ihn tadelt, daß er unterschiedslos Gute und Böse dahinrafft, vermag ihn zur Besonnenheit zu bringen. *Erra* zieht sich zurück und trägt *Išum* auf, für die Wiederherstellung und das Gedeihen Babylons zu sorgen. Der Dichter verarbeitet offenbar traumatische Kriegserlebnisse mittels der dialektischen Möglichkeiten des polytheistischen Systems: er allegorisiert sie als Wutanfall des Unterweltsgottes, der sich unter dem Einfluß seines Wesirs wieder beruhigt. Zum Schluß deklariert er sein Lied als eine Art apotropäische (unheilsabwendende) Beschwörung: «Der Sänger, der es erklingen läßt, wird nicht an der Plage sterben, dem König und dem Fürsten werden seine Worte gefallen. Der Schreiber, der es lernt, wird im Feindesland überleben und in seinem Land geehrt werden!». Mit Zitaten aus dem «*Erra*-Epos» beschriftete Amulette zeigen, daß man tatsächlich auf seine segensreiche Wirkung vertraute.

6. Religiöses Leben

Das Leben im Alten Orient war in einem uns heute kaum mehr nachvollziehbaren Maße durch religiöse Faktoren bestimmt. Die keilschriftlichen Quellen enthalten eine Fülle an Informationen über religiöse Praktiken vom einfachen Gebetsgestus bis hin zu wochenlangen Festritualen. Es liegt in der Natur der Quellen, daß wir die offiziellen, staatlichen Aspekte der Religionsausübung besser kennen als die individuellen. Die Quellen sind nach Ort, Zeit und Gattung ungleichmäßig verteilt, thematisch besonders relevante Texte wie z. B. Festbeschreibungen oder Kultkalender sind oft nur unvollständig erhalten und z. T. editorisch noch nicht erschlossen. Unser Bild von der altorientalischen Religionsausübung, ihren regionalen und lokalen Unterschieden und ihrer diachronen Entwicklung ist daher trotz bedeutender Vorarbeiten noch unausgewogen und lückenhaft.

Kontakt zur Götterwelt. Der Kontakt mit der Götterwelt unterlag bestimmten Regeln und Beschränkungen. Man stellte sich zwar die Gottheiten generell nach dem Modell einer menschlichen Person vor, die mächtigsten Gottheiten jedoch nach dem Modell des Königs. Um dem König ein Anliegen vorzutragen oder gar zu ihm vorgelassen zu werden, bedurften gewöhnliche Sterbliche der Vermittlung. Dies wird durch die auf Rollsiegeln der Ur III-Zeit häufige «Einführungsszene» (Abb. 3) illustriert: Sie zeigt einen Beter, den eine männliche oder weibliche Gottheit am Handgelenk faßt und einer thronenden Gottheit präsentiert. Hinter dem Beter steht oft eine Schutzgöttin (sum. *lamma*, akk. *lamassu* genannt) mit fürbittend erhobenen Armen. Wie der Königspalast, so war auch der Tempel lediglich einem kleinen Kreis zugänglich, das gewöhnliche Volk bekam die Götter in Gestalt ihrer Kultbilder nur bei festlichen Anlässen zu sehen, wenn sie den Tempel verließen. Als direkter und alltäglicher Ansprechpartner für den Menschen fungierte seine «persönliche Schutzgottheit» – eine Konzeption, die sich wahrscheinlich gegen Ende des 3. Jt.s herausbildete und die im «Schutzengel» der jüdisch-christlichen Tradition weiterlebt. Wie es für Bittsteller beim König bestimmte Audienzzeiten gab, so waren auch für Gebete und Rituale bestimmte Zeiten vorgesehen. Von höchster Bedeutung war in dieser Hinsicht der Sonnenaufgang. Dies war der Zeitpunkt, zu dem der Sonnengott seine Entscheidungen fällte, die man durch Opferschau oder andere divinatorische Praktiken in Erfahrung bringen konnte. Der frühe Morgen war die bevorzugte Zeit für Gebete, viele Rituale waren so angelegt, daß sie bei dem hoffnungsvollen Anblick des Sonnenaufgangs endeten.

Reinheit. Die besondere, «jenseitige» Qualität der Götterwelt, für die uns der Begriff «heilig» geläufig ist, wird im Alten Orient vor allem mit «Reinheit» und «Glanz» assoziiert. Als Inbegriff von «Reinheit» galt der dem Menschen unerreichbare Himmel. Das oft mit «heilig» wiedergegebene sum. Wort *ku(g)* bezeichnete eigentlich hellglänzende Edelmetalle wie Gold und Silber. Göttliche Wesen, aber auch Könige, waren von «Schreckensglanz» umgeben, für numinose Lichterscheinungen dieser Art existierte eine reiche Terminologie. Wer den Göttern gefällig leben oder sich ihnen im Tempel nähern wollte (was nur Priestern gestattet war), mußte Reinheitsvorschriften und Tabus beachten, die sich auf alle Lebensbereiche erstreckten. «Sünde» wurde primär als ein bewußter oder unbewußter Regelverstoß und die daraus resultierende Unreinheit verstanden. Vor dem Hintergrund der Reinheit ist wohl auch der übliche Gebetsgestus zu verstehen, der darin bestand, die Hand vor Nase und Mund zu führen: Auf diese Weise vermied man, das göttliche Gegenüber mit dem eigenen unreinen Atem zu belästigen. Um sich von Sünde und Unreinheit zu befreien, unterzog man sich Reinigungsriten, die uns in vielfältigen Formen und Kontexten überliefert sind. Da man sich die Verunreinigung substantiell vorstellte, weisen die Riten Analogien zu profanen Reinigungsmethoden auf. Wasser, insbesondere das magisch aufbereitete «Weihwasser», spielte dabei die Hauptrolle, aber auch Seife (die man aus der Asche alkalihaltiger Pflanzen herstellte), Feuer und Räucherwerk, das Scheren der Haare oder besondere Kleidung konnten dazugehören. Man versuchte auch, die Unreinheit vom Leib des infizierten Menschen auf andere Medien als Wasser zu übertragen und zu entsorgen. Das konnte der auch aus dem Alten Testament bekannte «Sündenbock» (Levitikus 16,22), den man dann in die Wüste jagte, aber auch ein Mensch sein: So vollzog der von einem unheilvollen Omen bedrohte König Asarhaddon (680–669) einen rituellen Beischlaf mit einem Mädchen, das man dann an der Grenze zum Feindesland aussetzte. Derartige Praktiken und das ihnen zugrundeliegende Denksystem bezeichnen wir als «Magie».

Magie. Magie war ein fester Bestandteil altorientalischer Lebensbewältigung. Sie besteht in der «indirekten» Einwirkung auf Objekte und Menschen mittels ritueller Handlungen, zu denen auch das in dieser Funktion «Beschwörung» genannte Wort gehört. Magie wird angewandt, wenn direkte mechanische Einwirkung nichts ausrichtet oder nicht möglich erscheint, etwa wegen räumlicher Entfernung oder auch im Falle von substantiell gedachten Objekten, die nach unserem Verständnis nur in der Vorstellung existieren wie etwa Krankheitsdämonen oder kultische Verunreinigungen und Sünden. Die «magische Mechanik» beruht im wesentlichen auf Analogie und Substitution: Beispielsweise wird ein Tonfigürchen durchbohrt, um damit eine Person zu treffen. Im Gegensatz zur alltäglichen ist die magische Mechanik nicht jederzeit für jedermann verfügbar, sie ist vielmehr Sache von Spezialisten, den in der Regel männlichen Beschwörungspriestern. Sie kann – und das ist ihr anerkannter Hauptzweck – zum Wohle des Menschen eingesetzt, sie kann aber auch mißbraucht werden, um Schaden oder Tod zu bewirken («schwarze Magie»). Wie wichtig die magische Komponente des altorientalischen Lebens war, kann man u. a. daraus ersehen, daß sie gleich zu Beginn des Codex Hammurapi zur Sprache kommt:

> Wenn ein Bürger einem anderen Hexerei vorwirft, es ihm aber nicht nachweisen kann, so muß der Beschuldigte zum Fluß gehen und eintauchen. Wenn der Fluß ihn packt, erhält der Kläger sein Haus. Wenn der Fluß den Bürger als rein (d. h. unschuldig) erweist und er unversehrt wieder herauskommt, dann wird derjenige, der ihn der Hexerei bezichtigt hat, getötet. Derjenige, der in den Fluß eingetaucht ist, erhält das Haus seines Anklägers.

Mit «zum Fluß gehen» ist das «Flußordal» gemeint, also ein «Gottesurteil». In dieser richterlichen Funktion ist der Fluß selbst eine Gottheit, die wohl letztlich im Dienst des höchsten Richters, des Sonnengottes, steht. «Schwarzer Magie» begegnete man mit «weißer Magie»: Das diesbezügliche *Maqlû*-Ritual in seiner «kanonischen» Fassung aus dem 1. Jt. umfaßte ca. 90 Beschwörungen. Unter den darin genannten Verursacher(inne)n schwarzer Magie sind Frauen, also «Hexen», in der Mehrzahl.

Divination. Eine ähnlich wichtige Rolle wie die allgegenwärtige Magie spielte die Beschäftigung mit Vorzeichen verschiedenster Art. Es ist nicht ganz leicht, sich für einen der gängigen Fachtermini für diese Komponente der altorientalischen Religions- und Lebenspraxis zu entscheiden. Das Wort «Mantik» kommt von griech. *mántis* «Seherin» und weiter von *maínomai* «rasen, in Ekstase sein» und impliziert eine spezielle Technik. Ähnliches gilt für «Orakel»: Es kommt von lat. *oraculum*, das von *orare* «feierlich sprechen» und letztlich von *os* «Mund» abgeleitet ist, und bezieht sich ähnlich wie dt. «Weissagung» auf mündliche Prophetie. Am neutralsten ist «Divination», das zu lat. *divinare* «göttliche Eingebungen haben, ahnen, weissagen» und weiterhin *divinus* «göttlich» gehört. Für den altorientalischen Menschen war die Welt ein gewaltiges, von den Göttern kontrolliertes System von (Vor-)Zeichen, die wir mit einem lateinischen Ausdruck «Omina» (Singular: Omen) nennen. Zu dieser Sicht mag nicht zuletzt die Keilschrift beigetragen haben, die sich aus logographischen Anfängen heraus zu einem immer komplexeren System entwickelte, das Formen, Begriffsfelder, Wörter und Laute miteinander verflocht. Wie die Schrift, so transportierte auch das kosmische Zeichensystem Botschaften. Das akk. Wort für «Botschaft», *šipru*, ist von *šapāru* «senden» abgeleitet. Es bedeutet also eigentlich «Sendung, Botschaft», kann aber auch den darin enthaltenen «Auftrag» oder «Befehl» und dessen Ausführung, das «Werk», bezeichnen; da Botschaften typischerweise durch Briefe übermittelt wurden, kam noch die Konnotation des «Schreibens» hinzu. Ähnliche Zusammenhänge finden wir bei den Omina: Das ominöse Zeichen und seine früher oder später eintretende Verwirklichung waren zwei Seiten einer Medaille. Dieses Denken manifestiert sich auch sprachlich, indem z. B. «Wort» und «Sache» oder «Schuld» und «Strafe» jeweils mit demselben Wort bezeichnet werden konnten. Eine Konsequenz dieses Denkens sind Omendeutungen, die auf Gleichklang beruhen: «Wenn die Gallenblase mit viel Fett bedeckt ist (*kussât*), wird es Kälte (*kūṣum*) geben» lautet z. B. ein altbab. Leberomen. Omina konnten sich dem Menschen unwillkürlich und ohne sein Zutun zeigen (*omina oblativa*) oder sie waren die Antwort auf eine Anfrage (*omina impetrativa*). Vorzeichen der ersteren Art konnten immer und überall auftreten: am eigenen Körper, in der engeren und weiteren Umwelt oder am Sternenhimmel, wobei jeweils auch der Zeitpunkt bedeutsam war. Um eine Omenanfrage zu stellen, gab es verschiedene Methoden. Die am besten dokumentierte ist die Opferschau. Dabei inspizierte der «Opferschauer» (akk. *bārû*) die Eingeweide eines geopferten Schafes, dem die Anfrage vor der Opferung ins Ohr geflüstert oder auf sonst eine Weise «mitgeteilt» worden war. Die Anfrage war situationsbezogen, es ging nicht um die Erforschung der Zukunft im allgemeinen, sondern um göttliche Fingerzeige für konkrete Entscheidungen. Typische Anwendungsbereiche waren etwa die Bestätigung einer Kandidatin für das Amt der Hohen Priesterin oder strategische Entscheidungen auf Kriegszügen.

Die Opferschau wurde als Gerichtsprozeß des Opfermandanten inszeniert, der bei Sonnenaufgang vor dem Sonnengott als oberstem Richter stattfand. Das Ergebnis konnte dementsprechend nur positiv oder negativ ausfallen. Wichtigstes Organ der zu inspizierenden Eingeweide war die Leber, die «Schreibtafel der Götter». Die Opferschau war kostspielig und wurde daher hauptsächlich vom König und anderen hochgestellten Personen angestellt. Neben ihr gab es billigere Methoden, um den göttlichen Willen zu erforschen, wie z. B. das Gießen von Öl auf Wasser, Räucher- und Schüttopfer, bei denen das Verhalten des Rauches bzw. des gestreuten Mehls beobachtet wurde, Losverfahren u. a. In der Regel begnügte man sich nicht mit einer einzigen Anfrage, sondern suchte das Ergebnis durch weitere Anfragen zu bestätigen und zu präzisieren. Die Verknüpfung zwischen einem durch Omen angezeigten Unheil und der betroffenen Person versuchte man auf magische Weise zu «lösen». Das Omen wurde wie eine substantielle Verunreinigung aufgefaßt: Der Beschwörer reinigte den betroffenen Menschen und seine Umgebung und übertrug das Unheil auf ein Substitut, anschließend fand (wie bei der Opferschau) ein morgendlicher Prozeß vor dem Sonnengott als Richter statt, bei dem das Substitut «verurteilt» und anschließend entsorgt wurde (z. B. im Fluß). Im Extremfall mußte ein anderer Mensch als Substitut einspringen: War der König von einem gefährlichen Omen, etwa einer Sonnenfinsternis, betroffen, wurde das «Ersatzkönigsritual» durchgeführt: An einem rituell eingesetzten «Ersatzkönig» verwirklichte sich das schlimme Omen, während der König selbst in die Rolle eines «Bauern» schlüpfte und sich offiziell so titulieren ließ. Der «Ersatzkönig» überlebte, wie man sich denken kann, diese Prozedur normalerweise nicht. Allerdings kennt die Überlieferung auch eine legendäre Ausnahme: König Enli-bāni von Isin soll um 1860 als «Ersatzkönig» auf den Thron gekommen sein, regierte dann aber 45 Jahre lang. Während die Divination in Mesopotamien primär zukunftsgewandt war, betrachtete man bei den Hethitern ungünstige Zeichen als Ausdruck göttlichen Zorns und suchte mittels der Divination dessen in der Vergangenheit liegende Ursachen zu erforschen. Neben dem Sonnengott *Šamaš* waren für die Opferschau noch andere Gottheiten zuständig, in erster Linie der Wettergott *Adad* und die in Syrien beheimatete Göttin *Išḫara*. *Šamaš* und *Adad* sollen einen vorsintflutlichen König von Sippar namens Enmeduranki die Ölwahrsagung und die Leberschau gelehrt haben, der seine Kunst dann an die Bürger von Nippur, Sippar und Babylon weitergegeben habe. Die altorientalische Leberschau gelangte auf noch nicht ganz geklärten Wegen nach Italien, wo sie als etruskische Spezialität galt und eine wichtige Rolle im Staatskult spielte.

Prophetie. Der Divination verwandt ist die Prophetie, insofern beide mit göttlichen Botschaften zu tun haben. Prophetien sind im Gegensatz zu Omina verbale Botschaften. Anders als die notorisch verrätselten und mehrdeutigen griech. Orakelsprüche aus Delphi sind die altorientalischen Prophetien in der Regel klar und deutlich formuliert. Hatte die Prophetie bis zur Entzifferung keilschriftlicher Quellen als Spezifikum der Religionsgeschichte Israels gegolten, so wissen wir heute, daß es sich um eine im Alten Orient weit verbreitete Erscheinung handelte. Ein alttestamentlicher Hinweis auf Prophetie im Umfeld Israels, die Geschichte von Bileam (Numeri 22,2–24,25), erhielt historische Substanz durch die Entdeckung von Originalsprüchen dieses Propheten in Dēr ʿAlla (Jordanien); sie waren dort in einem aramäischen Dialekt und alphabetischer Schrift an die Wand eines Tempelraums aus dem 8. Jh. geschrieben. In Mesopotamien ist die Prophetie hauptsächlich durch Briefe aus dem altbab. Mari (1. Hälfte 18. Jh.) und aus der neuassyrischen Hauptstadt Ninive (8./7. Jh.) dokumentiert. Für «Prophet(in)» sind verschiedene Bezeichnungen überliefert, die z. T. regional unterschiedlichen Sprachgebrauch, z. T. aber auch verschiedene Typen reflektieren. Allen Prophet(inn)en gemeinsam ist, daß sie göttliche Botschaften empfingen, die zumindest in den überlieferten Fällen den König betrafen: gegen den Feind gerichtete Ermutigungen und Ratschläge, aber auch den Kult betreffende Forderungen. Die üblichsten Termini in Mari sind *āpil(t)u* «Antworter(in)» und *muḫḫû*, fem. *muḫḫūtu*, das wie griech. *mántis* von einem Verbum der Bedeutung «außer sich sein, rasen» abgeleitet ist und gewöhnlich mit «Ekstatiker(in)» wiedergegeben wird. Belegt ist in Mari aber auch *nabû*, das offenbar dem amurritischen Wortschatz angehörte und als Vorläufer von hebr. *nabīʾ* und arab. *nabīy* «Prophet» anzusehen ist; die Grundbedeutung war wohl «(von der Gottheit) Gerufener». Im Neuassyrischen waren *maḫḫû/maḫḫūtu* (die assyrische Variante von altbab. *muḫḫû/muḫḫūtu*) und wesentlich häufiger *raggim(t)u* «Rufer(in)» in Gebrauch. Wie ihr Name sagt, empfingen wenigstens die «Ekstatiker(innen)» ihre Botschaften in einer Art Trance. Während sich die altbabylonischen Belege auf männliche und weibliche Propheten sowie verschiedene Gottheiten verteilen, überwiegen in den neuassyrischen Quellen Prophetinnen, die im Namen der *Ištar* von Arbela sprachen und z. T. deren Tempel angehörten.

Totenpflege und Ahnenkult. Neben Magie und Divination ist als wichtige Konstante altorientalischer Religionspraxis die Totenpflege anzusprechen. Die altorientalischen Bestattungsbräuche waren nach Zeit und Region unterschiedlich. Von sehr wenigen Ausnahmen abgesehen gilt, daß die Toten unverbrannt in der Erde bestattet wurden, entweder im Bereich des Hauses bzw. Palastes oder auf in Siedlungsnähe gelegenen Friedhöfen. Die Beigaben, die man dem Verstorbenen mit ins Grab legte, waren teils für seinen persönlichen Bedarf, teils als Geschenke an die Unterweltsgottheiten gedacht. Eine für den Alten Orient sehr ungewöhnliche Bestattung ereignete sich um 2500 im «Königsfriedhof» von Ur: Einer hochgestellten Person, dessen reich ausgestattetes Grab schon im Altertum zerstört wurde, folgten 6 Soldaten und 68 kostbar gekleidete und geschmückte Frauen und Mädchen in den Tod, darunter auch Musikerinnen, deren prächtige Leiern zu den bekanntesten archäologischen Fundstücken des Alten Mesopotamien zählen. Leider sind keine schriftlichen Quellen erhalten, die über die näheren Umstände dieser Bestattung Aufschluß geben könnten. Nach altorientalischen Vorstellungen wohnten die Verstorbenen als Totengeister in der Unterwelt und mußten von den Nachkommen mit Speise- und Trankopfern versorgt werden. Älteren mesopotamischen Quellen zufolge fanden die Totenopfer bei Neumond und bei Vollmond statt, spätere Quellen erwähnen teils nur die Opfer bei Neumond, teils tägliche Opfer. Von den regelmäßigen Totenopfern unterschieden sich die größeren Totenfeiern, die zu unterschiedlichen Zeiten – in Babylonien z. B. im trockenen und daher «toten» Sommermonat – stattfanden. Die Opfer galten in erster Linie dem verstorbenen Vater, das Totenopfer war Pflicht des Erbsohnes. An besonderen Feiertagen wurden aber auch die älteren Vorfahren mit Totenmählern geehrt. Sie wurden bei dieser Gelegenheit namentlich und in genealogischer Reihenfolge bis hinauf zum Stammvater des Geschlechts herbeigerufen. Überliefert ist dies allerdings nur für den königlichen Ahnenkult. Darin zu verortende Ahnenlisten sind uns in schriftlicher Form aus Ebla, Babylon, Assur und Ugarit erhalten, sie stellen wertvolle historische Quellen dar und werden dementsprechend meist als «Königslisten» bezeichnet. An diesem Ritus wird sichtbar, warum der Name im Alten Orient von großer Bedeutung war und das Wort «Name» als Synonym für «Nachkommenschaft» und «Nachruhm» verwendet werden konnte.

Tempel und Staat. Für die frühen sum. Stadtstaaten wird vielfach angenommen, daß ein «Priesterfürst» die oberste weltliche Macht und zugleich das höchste Priesteramt innehatte. Diese Annahme stützt sich auf zeitgenössische Darstellungen, die eine charakteristische Gestalt, den «Mann im Netzrock», bei der Ausübung kriegerischer und kultischer Funktionen zeigen. Ihn bzw. sein Amt hat man mit dem sum. Wort *en* verbunden, das (allerdings erst Jahrhunderte später) in der Bedeutung «Herr(scher)» und «Hoher Priester» gebraucht wird. In den frühen Wirtschaftstexten ist EN statistisch das häufigste Zeichen, es fehlt jedoch auffälligerweise in der zeitgenössischen lexikalischen Liste von Funktionsbezeichnungen. Die Hypothese des frühen «Priesterfürsten» läßt sich aus diesem Befund nicht zwingend ableiten. Unsicher ist ferner, ob in den ikonographischen Zeugnissen tatsächlich immer ein und dieselbe Person gemeint ist, zudem gibt es auch frühe Bildzeugnisse hochgestellter Frauen, und schließlich ist der Titel *en* nicht geschlechtsspezifisch: Er bezeichnete auch die «Hohe Priesterin», mit der man die erwähnten Frauengestalten denn auch in Verbindung gebracht hat. In historischer Zeit, d. h. nach Einsetzen aussagekräftiger Schriftzeugnisse, waren Tempel nicht bloß Kultstätten, sondern auch göttliche Haushalte, zu denen Ländereien, Vieh und Personal aller möglichen Berufszweige gehörten. Es ist denkbar, daß in früher Zeit Stadtstaat und göttlicher Haushalt identisch waren. Neben dem Tempel muß sich aber schon bald der Palast als parallele Institution des weltlichen Herrschers herausgebildet haben, und zwischen beiden auch ein privatwirtschaftlicher Sektor. Wir können diese Entwicklungen noch nicht im Detail rekonstruieren, zudem weisen bereits die frühen Schriftzeugnisse auf regionale Unterschiede hin, so daß sich die sum. Verhältnisse nicht ohne weiteres auf den akk. Norden übertragen lassen. Festzuhalten ist jedenfalls, daß der König noch in historischer Zeit auch oberster Kultherr war und als solcher an den höchsten religiösen Festen teilnahm.

Tempel als Wirtschaftsinstitution. Im Sumerischen und Akkadischen ist das allgemeine Wort für «Tempel» mit dem Wort für «Haus» identisch (sum. *e*, akk. *bītu*). Theologisch gesehen war der Tempel Haus und Haushalt einer Gottheit samt Familie, Hofstaat, Dienerschaft, Handwerkern, Bauern und Hirten. Praktisch bedeutete dies, wie schon erwähnt, daß Tempel nicht bloß Kultstätten waren, sondern auch Wirtschaftsunternehmen, die Ackerbau, Viehzucht, Fischerei und Handel treiben konnten, und in deren Mittelpunkt das Opferwesen stand. Es handelte sich auf profaner Ebene um einen Verarbeitungs- und Redistributionsprozeß von Lebensmitteln, nämlich der aus eigener Produktion stammenden oder von Privatpersonen und vor allem vom Staat gelieferten «Opfermaterie»: Tiere (vorwiegend Schafe und Ziegen, seltener Rinder, Gazellen, Fische und Vögel), Getreide, Obst, Gemüse, Öl, Milch und andere Getränke (soweit nicht erst in Tempelbetrieben hergestellt), Salz. Daraus wurden Mahlzeiten für die Gottheiten zubereitet, aber auch das Personal verköstigt: Die rituell den Gottheiten servierten Speisen und Getränke wurden abgetragen und konnten dann von Menschen verzehrt werden; sie landeten auf der Tafel hochrangiger Priester oder des Königs. Inhaber von Tempelämtern konnten ihre Ämter mit den auf diese Weise abgesicherten regelmäßigen Einkommen ganz, teilweise oder für einen gewissen

Zeitraum an Dritte verkaufen, dieser «Pfründenhandel» ist seit altbab. Zeit durch zahlreiche Urkunden bezeugt.

Tempel als Kultbau. Über einen langen Zeitraum hinweg läßt sich verfolgen, wie sich in vorgeschichtlichen Siedlungen durch Lage, Größe und Architektur herausgehobene Bauformen entwickeln. Sie sind aber nicht ohne Weiteres als «Tempel» im Sinne reiner Kultbauten anzusprechen, denn es ist damit zu rechnen, daß soziale und kultische Funktionen nicht scharf getrennt waren. Ausgrabungen mesopotamischer Siedlungen haben gezeigt, daß die Tempel oft auf eine sehr alte Bautradition zurückblicken: Die Gebäude wurden renoviert, umgestaltet oder an derselben Stelle und mit ähnlichem Grundriß neu errichtet. Für den Tempel des Gottes *Enki/Ea* in der südsum. Stadt Eridu läßt sich eine Sequenz von 16 übereinanderliegenden Bauten bis in das 6. Jt. zurückverfolgen; von Schicht XI an stehen die Bauwerke auf einer Terrasse, worin man den Entwicklungsbeginn der später für Mesopotamien typischen Zikkurrat (Stufentempel) sehen kann. Das älteste erhaltene Beispiel der ausgereiften Form ist die von Ur-Nammu um 2100 erbaute Zikkurrat von Ur. Noch besser erhalten ist die Zikkurrat, die der elamische König Untaš-Napiriša nach mesopotamischen Vorbildern in dem von ihm neu gegründeten Kultzentrum Dūr-Untaš-Napiriša (Chogha Zambil) errichten ließ (um 1300). Nicht erhalten ist dagegen das berühmteste Baudenkmal dieser Art, *Marduk*s Zikkurrat *E-temen-anki* in Babylon. Auf der obersten Plattform befand sich nach Herodot (I 180–2) ein mit Bett und Tisch ausgestatteter Schrein. Man hat daraus geschlossen, daß die Zikkurrat der Ort der «Heiligen Hochzeit» war – ein problematischer Schluß sowohl, was die Zuverlässigkeit von Herodots Angabe betrifft, als auch bezüglich des Ritus der «Heiligen Hochzeit» (s. S. 114). Zikkurrats waren Bestandteil größerer Kultanlagen, zu denen ebenerdige Tempel gehörten. Über ihre kultische Funktion geben die keilschriftlichen Quellen keine klare Auskunft; angesichts der in Mesopotamien hoch entwickelten Astronomie, die ja im Zeichen der Vorzeichenkunde stand, liegt es nahe, daß sie (auch) für Himmelbeobachtungen genutzt wurden. Die Architektur der Tempel war nach Zeit und Ort unterschiedlich. Gemeinsames Merkmal ist ein größerer, zentraler Raum, der von kleineren umschlossen war. Die Langräume der älteren sum. Tempel waren durch mehrere seitliche Eingänge betretbar. Diese wurden im Laufe des 3. Jt.s auf einen reduziert, welcher einer Schmalseite benachbart war («Knickachstempel»). An der gegenüberliegenden Schmalseite befand sich nun ein Postament, das in den älteren Tempeln noch fehlte; vermutlich stand darauf ein Kultbild oder ein Emblem der Hauptgottheit. Später wurde der Eingang an die hintere, dem Postament gegenüberliegende Schmalseite verlegt, der ein Vorraum vorgelagert war. In Babylonien waren beides Breiträume («Breitraumtempel»), in Assyrien blieb der zentrale Langraum erhalten («Langraumtempel»). Der Tempel besaß keine Fenster und war daher, wenn er nicht durch Lampen oder Fackeln erleuchtet wurde, dunkel. Die Mauern der aus Lehmziegeln errichteten Kultbauten waren durch Nischen gegliedert und hoben sich dadurch von profanen Bauten ab. In der von einer Mauer umschlossenen Anlage gab es einen Vorhof und weitere Gebäude: Wohnungen für Priester und Personal, Magazine aber auch kleinere Heiligtümer.

Die Repräsentation der Gottheiten. In der Regel war wenigstens die Hauptgottheit in der Tempelzella durch ein anthropomorphes Kultbild repräsentiert. Die Frage, seit wann dies der Fall ist, bedarf allerdings noch genauerer Klärung. In Südmesopotamien lassen sich Gottheiten auf ikonographischen Darstellungen seit etwa 2700 anhand der damals aufkommenden charakteristischen «Hörnerkrone» identifizieren. Bei manchen Abbildungen und Plastiken, besonders aus früheren Perioden, ist unsicher, ob Menschen oder Gottheiten gemeint sind. Das Kultbild stellte die Gottheit gewöhnlich auf einem Thron sitzend dar. Es bestand aus einem mit (Edel-)Metall überzogenen Holzkern und war mit Paraphernalien, d. h. Kleidung, Schmuck, Waffen oder anderen Attributen versehen. Älter als die anthropomorphen Götterbilder sind Embleme als Zeichen oder Träger göttlicher Anwesenheit. Sie blieben in historischer Zeit neben oder anstelle von anthropomorphen Kultbildern in Gebrauch, letzteres besonders in Assyrien. Ferner gab es «abstrakte» Kultobjekte in Gestalt mehr oder weniger naturbelassener Steinmale, in denen man sich die Gottheit präsent dachte. Diese sogenannten «Baitylien» (griech. *baitylia* < phön. *bayt il* «Haus des Gottes») waren hauptsächlich in Syrien, der Levante und Kleinasien verbreitet. In ihrem Verbreitungsgebiet entwickelten sich im 1. Jt. anikonische (nicht-bildhafte) Darstellungsformen, wobei die göttliche Präsenz beispielsweise durch einen leeren Thron oder ein leeres Kultpostament angezeigt wurde. In diese Entwicklungslinie gehört wohl das alttestamentliche «Bilderverbot». Eine Tendenz, anthropomorphe Darstellungen von Gottheiten zu vermeiden, gab es in Mesopotamien bereits seit der 2. Hälfte des 2. Jt. s. Sie betraf allerdings nicht die Götterstatuen in den Tempeln, die dadurch eher eine Aufwertung erfuhren. Gegen sie richtet sich indes die alttestamentliche Polemik, die ausführlichste Stelle ist (Deutero-)Jesaia 44,9–20. Dort heißt es u. a. (14–17):

> Man fällt eine Zeder, wählt eine Eiche oder sonst einen mächtigen Baum, den man stärker werden ließ als die übrigen Bäume im Wald. Oder man pflanzt einen Lorbeerbaum, den der Regen groß werden läßt. Das Holz nehmen die Menschen zum Heizen, man macht ein Feuer und wärmt sich daran. Auch schürt man das Feuer und bäckt damit Brot. Oder man schnitzt daraus einen Gott und wirft sich nieder vor ihm; man macht ein Götterbild und fällt vor ihm auf die Knie. Den einen Teil des Holzes wirft man ins Feuer und röstet damit Fleisch in der Glut und sättigt sich am Braten. Oder man wärmt sich am Feuer und sagt: Oh, wie ist mir warm! Ich spüre die Glut. Aus dem Rest des Holzes aber macht man sich einen Gott, ein Götterbild, vor das man sich hinkniet, zu dem man betet und sagt: Rette mich, du bist doch mein Gott!

Die Unterstellung, daß die (mesopotamischen) «Götzendiener» das aus schlichter Materie bestehende Kultbild mit der Gottheit selbst verwechselt hätten, ist allerdings eine bewußte Verkürzung. Daß ihnen der Unterschied bewußt gewesen sein muß, geht schon daraus hervor, daß viele Gottheiten Kultbilder an verschiedenen Orten besaßen. Darüber hinaus sind uns Rituale bekannt («Mundwaschung» und «Mundöffung»), die bei der Herstellung und Weihe eines Kultbildes durchgeführt wurden, um es für die göttliche Präsenz erst tauglich zu machen, was nicht ohne Zustimmung der Gottheit gelingen konnte.

Auch die auf Eroberungszügen erbeuteten Kultbilder fremder Gottheiten wurden im Tempel aufgestellt und beopfert.

Kultpersonal und Tempeldienst. Das höchste am Tempel angesiedelte Priesteramt, das des *en*-Priesters bzw. der *en*-Priesterin, wurde schon erwähnt. Weiblichen Gottheiten war ein *en*-Priester, männlichen eine *en*-Priesterin zugeordnet; sie galten als Gemahl(in) ihrer Gottheit. Etwa synonym mit *en*-Priesterin war der Titel *ereš-diĝir* «Gottherrin». Zu Beginn des 2. Jt.s kam das *en*-Amt außer Gebrauch. Die Leitung des gesamten Tempelbetriebes oblag seitdem dem *saĝa* (akk. *šangû*), der in älterer Zeit speziell für die Verwaltung zuständig gewesen zu sein scheint (mit dem Zeichen, mit dem sein Titel geschrieben wird, schrieb man auch Wörter für «Schreiber» und «rechnen»). Darüber hinaus kennen wir aus praktischen und lexikalischen Texten eine ganze Reihe von Termini für Personen, die mit Tempel, Kult und religiösen Riten zu tun haben. Ihre genauen Funktionen sind oft nur ungefähr zu bestimmen, wobei lokale und diachrone Unterschiede zu berücksichtigen sind. Es seien daher nur einige wichtige Funktionen und Typen erwähnt, ohne genauer auf die jeweiligen Bezeichnungen einzugehen. Priester(innen) im engeren Sinne waren für die Opfer- und sonstigen Rituale zuständig, bei denen sie in «direktem» Kontakt mit der Gottheit standen. Sie mußten frei von körperlichen Makeln sein und wurden im Rahmen einer «Priesterweihe», zu der besondere Reinigungsriten gehörten, in ihr Amt eingeführt. *En*-Priesterinnen, oft Töchter aus königlichem Hause, wurden von den Göttern durch ein Wahrsageverfahren (wahrscheinlich Opferschau) bestimmt oder wohl besser: bestätigt, ein wichtiges Ereignis, nach dem häufig das betreffende Jahr benannt wurde. Eine für die altbab. Zeit typische Klasse von Priesterinnen waren die *nadītu*. Die oft aus vornehmen Familien gebürtigen Frauen wurden schon im Kindesalter geweiht und lebten später als Gottesgemahlinnen in einer Art Frauenkloster (akk. *gagû*); das am besten dokumentierte (und wohl auch eines der bedeutendsten) war das dem *Šamaš*-Tempel von Sippar angegliederte. Eine *nadītu* mußte kinderlos bleiben; falls sie heiratete (was nur den *nadītu* des Gottes *Marduk* gestattet war), mußte der Mann zur Erzeugung von Nachwuchs eine zweite Ehe eingehen. Im Dienst einiger weiblicher Gottheiten werden auch Prostituierte erwähnt; die Frage, ob es an den Tempeln dieser Göttinnen institutionalisierte Kultprostitution gab, wird jedoch kontrovers diskutiert. Zu den Gottesdiensten gehörten Musik und Gesang, die von Musiker(inne)n und den Spezialisten für sum. Kultlieder (sum. *gala*, akk. *kalû*) aufgeführt wurden. Weiteres Tempelpersonal war für die Reinigung, die Zubereitung der Speisen und Getränke, die Verwaltung und für handwerkliche Aufgaben zuständig. Wohl nur bei größeren, öffentlichen Festen kamen Ringkämpfer und Läufer, Tänzer, Akrobaten und Clowns (letztere insbesondere im Dienst der *Inanna/Ištar*) zum Einsatz, die wohl nicht zum festen Tempelpersonal gehörten. Nicht am Tempel installiert, aber dennoch Träger sehr wichtiger religiöser Funktionen waren die Opferschauer (akk. *bārû*) und andere Wahrsager sowie die Beschwörer (akk. *(w)āšipu*). Der Tempelkomplex war nur einem bestimmten Kreis dort beschäftigter Personen ständig zugänglich, die *ērib bīti* «Hausbetreter» genannt wurden. Für alle anderen wurde allenfalls der Vorhof an Feiertagen geöffnet. Gelegenheit, die Gottheiten in Gestalt ihrer Kultbilder außerhalb des Tempels zu sehen, bot sich dem Volk bei Prozessionen und Bootsfahrten, die fester Bestandteil jährlich wiederkehrender Feste waren, zuweilen aber wohl auch bei besonderen Anlässen wie der Amtseinführung Hoher Priester(innen) oder Siegesfeiern.

Der alltägliche Tempeldienst begann morgens mit einer «Wecken des Hauses» genannten Zeremonie und dem Öffnen der Türen, die abends vom Türhüter des Tempels verschlossen wurden. Eine Ahnung von den morgendlichen Zeremonien vermittelt eine in Susa gefundene Bronzeplastik, die laut Inschrift Riten bei Sonnenaufgang darstellt (Abb. 4). Anschließend wurden die in Gestalt ihrer Kultbilder anwesenden Gottheiten zeremoniell bedient. In erster Linie beinhaltete dies die Zubereitung und das Anrichten ihrer Mahlzeiten, die sie auf virtuelle Weise einnahmen, bevor sie dann real von Menschen verzehrt wurden. Es ist anzunehmen, daß die Gottheiten nicht im Beisein von Menschen speisten. Dies dürfte der reale Hintergrund einer Episode aus dem (allerdings sehr späten) alttestamentlichen Buch Daniel sein, in der wie oft im Alten Testament der heidnische «Götzendienst» bloßgestellt werden soll. Daniel weigert sich, den babylonischen Gott *Bēl* (d. h. *Marduk*) anzubeten, der ja nur ein menschengemachtes Standbild sei. Der König verweist auf die gewaltigen Mahlzeiten, die *Bēl* täglich einnehme, was Daniel als Täuschung zurückweist. Der erzürnte König veranstaltet nun eine Probe. Dem *Bēl* werden reichlich Speisen und Getränke aufgetragen, dann wird der Raum versiegelt. «In der Nacht aber kamen wie gewöhnlich die Priester mit ihren Frauen und Kindern, sie aßen alles auf und tranken den Wein.» Zum rituellen Dienst an den Gottheiten gehörte außerdem die Pflege ihrer Wohnstätten und Kultbilder. Für einen angenehmen Duft sorgte schon die Architektur, denn für Tempel verwendete man gerne Zedernholz, das über lange Zeit hinweg einen dezenten Wohlgeruch verströmt. Bei Opfern und anderen Riten wurde Räucherwerk verbrannt, «das die Götter einlädt», wie es in einem Opferschaugebet heißt. Das oft in Ritualbeschreibungen erwähnte Sprengen von Wasser hatte nicht nur rituelle Reinigungsfunktion, sondern kühlte und säuberte auch die Luft. Die Kultbilder wurden regelmäßig gebadet und frisch gekleidet. Kleider, Schmuck, Insignien und Embleme der Gottheiten mußten gepflegt und erneuert werden.

Kultkalender und Feste. Der altorientalische Kalender basiert im wesentlichen auf dem Mondzyklus. Die Diskrepanz zwischen dem in der Regel 354 Tage zählenden Mondjahr und dem Sonnenjahr von 365 Tagen glich man durch Schaltmonate aus, die in unregelmäßigen Abständen (7mal in einem Zeitraum von 19 Jahren) eingeschoben wurden. Damit war gewährleistet, daß der Kultkalender und die Jahreszeiten, mit denen viele Feste zusammenhingen, nicht allzuweit auseinanderdrifteten. Der Monat begann bei Neumond. Der Kalendertag begann am Abend, wohl weil man um diese Tageszeit das den Monatsbeginn definierende Wiedersichtbarwerden des Mondes (Neulicht) beobachtete. Die ersten drei Mondphasen – Neumond, zunehmender Halbmond und Vollmond – markierten Festtage, die in der Regel arbeitsfrei waren und somit etwa unseren Sonntagen entsprechen. Der jüdische Sabbat, dessen Name in dt. *Samstag* steckt, ist etymologisch wohl mit *šapattu*, der akkadischen Bezeichnung des Vollmondtages, identisch. Die monatlichen Festtage verschoben sich im 1. Jt. aus unklaren Gründen auf den 4., 8. und 17. Tag des Monats. Der 7., 14., 19., 21. und 28. Tag des Monats galten als Unglückstage, besonders gefürchtet war der 7. Tag des 7. Monats.

Den Hintergrund für die großen periodischen Feste bildete der vom Sonnenjahr bestimmte Zyklus der Jahreszeiten und der damit zusammenhängenden landwirtschaftlichen Tätigkeiten. Die beiden Angelpunkte des Sonnenjahres waren das Herbst- und das Frühjahrsäquinoktium (Tag- und Nachtgleiche), zu beiden Terminen fanden Neujahrsriten statt, als offizieller Jahresbeginn setzte sich der Frühjahrstermin durch. Die einzelnen Tage waren jeweils verschiedenen Gottheiten geweiht, denen an diesen Tagen besondere Opfer zuteil wurden. Erst seit ca. 2600 finden wir in den Texten Monatsnamen; die ältesten, in den Wirtschaftstexten aus Abū Ṣalābīḫ überlieferten, sind sem. Ursprungs. Seit ca. 2400 wurden Urkunden und die meisten Wirtschaftstexte in Mesopotamien und den angrenzenden Gebieten nach Monat, Tag und Jahr datiert. Diese Quellen, aber auch lexikalische Texte, überliefern für das ausgehende 3. und die erste Hälfte des 2. Jt.s eine größere Anzahl unterschiedlicher Lokalkalender. Die südmesopotamischen Lokalkalender der ehemaligen sum. Stadtstaaten wurden um 2000 unter Ibbi-Sîn, dem ersten König der Dynastie von Isin, auf der Grundlage des Kalenders von Nippur vereinheitlicht. Um 1730, unter König Samsu-iluna von Babylon, wurde der babylonische Standardkalender eingeführt. In Schriftdokumenten benutzte man zwar weiterhin die sum. Namen, sie fungierten aber jetzt nur mehr als Logogramme (Wortzeichen) für die akk. Namen des Standardkalenders. Diese wurden später ins Aramäische und weiterhin ins Hebräische,

Arabische und Türkische entlehnt und leben auf diese Weise im Nahen Osten z. T. noch heute fort (soweit sie nicht durch europäische ersetzt sind). Die Namen sind nur teilweise etymologisch durchsichtig, soweit erkenntlich, beziehen sie sich auf spezifische Tätigkeiten, Riten und Feste oder damit assoziierte Gottheiten.

Der babylonische Standardkalender und sein Nachleben

Sumerisch	Akkadisch*	Hebräisch	Arabisch	Türkisch
1 itu bára-zà-gar(-ra)	***nīsan(n)u*** (< sum. ne-saĝ?)	*nîsān*	*nīsān*	*nisan*
2 itu gu$_4$-si-su/sá	***ajjaru***	*ʔiyyār*	*ʔayyār*	*(mayıs)*
3 itu sig$_4$-a/ga	***sīman(n)u***	*sîwān*	*(ḥazīrān)*	*(haziran)*
4 itu šu-numun(-na/a)	****tammūzu**, du'ūzu, dûzu* (< sum. dumu-zi)	*tammûz*	*tammūz*	*temmuz*
5 itu NE.NE-ĝar(-ra)	***abu***	*ʔāb*	*ʔāb*	*(ağustos)*
6 itu kin-[d]Inanna	***elūlu**, elūnu, ulūlu*	*ʔᵉlûl*	*ʔaylūl*	*eylül*
7 itu du$_6$-kù(-ga)	***tašrītu***	*tišrî*	*tišrīn I*	*(ekim)*
8 itu apin-du$_8$-a	***(w)araḫsamnu; ka/inūnu***	*marḥäšwān*	*(tišrīn II)*	*(kasım)*
9 itu gan-gan-è/na	***kis(si)līmu***	*kislew*	*kanūn I* (vgl. 8)	*(aralık)*
10 itu ab(-ba)-è	***ṭebētu***	*ṭebet*	*(kanūn II)*	*(ocak)*
11 itu ZÍZ.A(.AN)	***šabāṭu***	*šᵉbāṭ*	*šubāṭ*	*ṣubat*
12 itu še-KIN-ku$_5$	***ad(d)aru***	*ʔᵃdār*	*ʔāḏār*	*(mart)*

Eine wichtige Rolle vor allem bei den Frühjahrs- und Herbstfesten spielte ein außerhalb der Stadt gelegenes Kultgebäude namens *akiti* Haus, die betreffenden Feste wurden als *akiti*-Feste bezeichnet. Das *akiti*-Haus war Ziel- und Wendepunkt von Prozessionen, die vom städtischen Hauptheiligtum ausgingen und Kultbilder mit sich führten. Die Götter verließen auf diese Weise ihre Wohnungen, um die Stadt und deren Umland zu besuchen; in der Regel verweilten sie mehrere Tage im *akiti*-Haus, bevor sie heimkehrten. Einige Indizien weisen darauf hin, daß der Ursprung dieser bereits um 2600 in den Wirtschaftstexten aus Fāra bezeugten, später in ganz Mesopotamien verbreiteten Institution in Ur zu suchen ist.

Vergleichbare Reiseriten gab es auch zwischen einzelnen Städten. In Sumer war gewöhnlich Nippur mit dem Kultzentrum des obersten Gottes *Enlil* das Ziel. Eine solche «Götterreise» steht im Hintergrund des Mythos von «*Nannas* Fahrt nach Nippur»: Der Mondgott *Nanna* unternimmt von seiner Stadt Ur aus eine mehrtägigen Bootsfahrt nach Nippur zu seinem Vater *Enlil*, um ihm Gaben zu bringen und seinen Segen einzuholen. Vermutlich wurde das aufwendige Ritual in einer bestimmten historischen Situation durchgeführt. Jährlich dürften hingegen die in der Ur III-Zeit bezeugten Besuche der Heilgöttinnen von Isin und Umma bei ihrer «Kollegin» in Nippur stattgefunden haben; sie wurden möglicherweise schon damals als Erscheinungsformen derselben Gottheit aufgefaßt.

Unter der III. Dynastie von Ur wurden in Ur – wie dies später z. B. auch für Babylon bezeugt ist – zwei *akiti*-Feste begangen: das «*akiti*-Fest der Getreideernte» im Frühjahr (1. Monat) und das «*akiti*-Fest der Aussaat» im Herbst (7. Monat). Letzteres war hinsichtlich Aufwand und Dauer (11 oder 12 Tage) das weitaus bedeutendere. Bemerkenswerterweise war also der Beginn des «bürgerlichen» Jahres nicht mit dem bedeutendsten religiösen Fest assoziiert. Der akk. Name des 7. Monats im späteren babylonischen Standardkalender, *Tašrītu*, bedeutet «Anfang». Er dürfte sich zwar, wie andere Monatsnamen, primär auf ein Fest oder einen Ritus beziehen, könnte darüber hinaus aber auch auf eine schöpfungmythologisch fundierte Rolle des Monats im Kultjahr verweisen. Der aus dem Nippur-Kalender stammende sum. Name dieses Monats, *Du-ku(g)* «Heiliger Hügel», bezeichnete ein Heiligtum in Nippur, das einen in der Schöpfungsmythologie verankerten «Urhügel» repräsentierte; gegen Ende des Monats fanden dort Klageriten für die urweltlichen Ahnen des Schöpfergottes *Enlil* statt. Auch das «große» babylonische Neujahrsfest im Frühling war schöpfungsmythologisch fundiert: Das bei dieser Gelegenheit rezitierte «babylonischen Schöpfungsepos» *Enūma eliš* berichtet von den Schöpfertaten des Stadt- und Staatsgottes *Marduk*.

Mit den altorientalischen Neujahrsfesten wird häufig ein als «Heilige Hochzeit» bezeichnetes Ritual assoziiert. Gemeint ist damit einerseits das kultische Beilager des Königs in der Rolle des Gottes *Dumuzi/Damu/Tammuz* mit der Göttin *Inanna/*

Ištar, andererseits die zeremonielle Vereinigung eines göttlichen Paares. Die Quellen verbinden erstere Form des segenstiftenden Rituals mit *Inanna*s Kultstadt Uruk. Strittig ist, ob die Vereinigung real vom König und einer *en*-Priesterin in der Rolle der *Inanna/Ištar* vollzogen wurde. Die beiden Texte, die es am konkretesten zu schildern scheinen, sind Hymnen auf die Könige Šulgi von Ur (ca. 2094–2047) und Iddin-Dagan von Isin (ca. 1974–1953); es handelt sich um «Kultpoesie» und nicht etwa um Ritualbeschreibungen, ihr Aussagewert für die Rekonstruktion der Kultpraxis ist daher zweifelhaft. Im altbab. Ištar-Ritual aus Mari heißt es dazu lediglich: «[...] stellt das [Bett] im Tempel der *Ištar* auf. Wenn der König will, schläft er auf dem Bett der *Ištar*.» Aus späterer Zeit kennen wir symbolisch, d.h. auf der Ebene der Kultbilder, gestaltete Hochzeitsriten der Gottheiten *Nabû* und *Nanaja/Tašmētu*, *Marduk* und *Zarpanītum*.

Zyklische, mit den Jahreszeiten und landwirtschaftlichen Tätigkeiten verknüpfte Riten und Feste fanden das ganze Jahr über statt. Die regional unterschiedlichen Traditionen können wir aufgrund der Quellenlage am besten in Mesopotamien überblicken. Dort konzentrierten sich die landwirtschaftlichen Tätigkeiten auf die Wintermonate, in denen Regen fiel und die Flüsse und Kanäle anschwollen und das Ackerland fluteten. Im Herbst wurde, wie oben erwähnt, in Ur das *akiti*-Fest der Aussaat gefeiert (7. Monat, September/Oktober). Der König selbst eröffnete bei dieser Gelegenheit rituell die Feldarbeiten, indem er mit dem Pflug, einem dem Gott *Ninurta* heiligen Gerät, die erste Saatfurche zog. Der Winter brachte auch in Mesopotamien Kälte mit sich. Man mußte sich am «Kohlebecken», akk. *kinūnu*, wärmen. Es fand zwar das ganze Jahr über im Kult Verwendung, doch zu Beginn des Winters rückte es in den Mittelpunkt eines Festes, das landesweit zu etwas unterschiedlichen Terminen gefeiert wurde. Aus den spärlichen Hinweisen auf seinen Verlauf läßt sich erahnen, daß die profanen häuslichen Maßnahmen gegen die Kälte in den Tempeln rituell für die Gottheiten inszeniert wurden. Nach dem *kinūnu*-Fest wurde regional der betreffende Monat benannt. Der Monatsname fand zwar nicht Eingang in den offiziellen babylonischen Kalender, hat sich aber in der aramäisch-arabischen Überlieferung bis heute erhalten. Im 2. Monat (April/Mai), nachdem sich die winterliche Hochflut verlaufen hatte, wurde ein ähnlicher Pflug-Ritus wie im Herbst begangen; der Monat war generell dem *Ninurta* heilig. Die heißen und trockenen Sommermonate, in denen die Vegetation verdorrt und der Wasserstand der Flüsse sinkt, wurde mit Tod und Unterwelt assoziiert. Im 4. Monat (Juni/Juli) klagten die Frauen um *Dumuzi/Tammuz*, den Geliebten der Göttin *Inanna/Ištar*, den diese, wie der Mythos «*Inanna*s Gang zur Unterwelt» erzählt, der Unterwelt überantwortet hatte, wo er einen Teil des Jahres verbringen mußte. Aus assyrischen Quellen des 1. Jt.s erfahren wir, daß bei den dortigen Zeremonien eine (den Leichnam des Gottes repräsentierende?) Statue gewaschen und gesalbt wurde. Die Klageriten waren also weit verbreitet. So dürfte denn auch die Vision des zwischen 593 und 571 in Babylonien wirkenden Propheten Ezechiel (8,14), in der er Frauen am Jerusalemer Tempel um *Tammuz* weinen sah, reale Hintergründe gehabt haben. Wie der gelehrte Bagdader Buchhändler Ibn an-Nadīm (10. Jh. n. Chr.) in seinem *Fihrist* berichtet, gab es noch in islamischer Zeit in Harran ein «Fest der weinenden Frauen» zu Ehren des *Taʾūz*. Den 5. Monat (Abu) könnte man als babylonischen «Totenmonat» bezeichnen. Das Wort *abu*, nach dem er benannt ist, kann frei mit «Grab» übersetzt werden. Es bezeichnet eine Vorrichtung des Totenkultes, durch die man Totenopfer darbrachte, durch die aber auch die Toten aus der Unterwelt aufsteigen konnten. Räucherständer und Fackeln wurden entzündet, vielleicht für die nachts aufsteigenden Totengeister. Neun Tage lang waren die Straßen der Städte Schauplatz von Ring- und Faustkämpfen zu Ehren des Gilgameš, der zu Lebzeiten ein Held war und in der Unterwelt das Amt eines Totenrichters innehatte; sie stehen sicherlich in Beziehung zu dem im Gilgameš-Epos geschilderten Zweikampf zwischen Gilgameš und Enkidu. Im 9. Monat (November/Dezember) fanden Läufe rings um Heiligtümer oder Städte statt, die in Ritualkommentaren mit *Ninurta*s Kämpfen gegen *Asakku* oder den *Anzu*-Vogel in Verbindung gebracht werden. Eine ähnliche Kultpraxis hat sich bis auf den heutigen Tag unter den Riten der islamischen Pilgerfahrt nach Mekka erhalten: die *ṭawāf* genannte siebenfache Umkreisung der Kaaba, die während der ersten Runden im Laufschritt erfolgt.

Das babylonische Neujahrsfest des 1. Jt.s als eines der bedeutendsten und zugleich am besten rekonstruierbaren altmesopotamischen Feste soll hier ausführlicher beschrieben werden. Ausgangs- und Endpunkt der mindestens 11 Tage dauernden Feierlichkeiten war das *Esaĝil(a)*, der Tempelbezirk des Gottes *Marduk* in Babylon. *1.–3. Tag*: Opfer und Gebete an *Marduk* und seine Gemahlin Zarpanitu. Am dritten Tag werden zwei Figuren aus Holz, Gold und Edelsteinen hergestellt, die in der Linken eine Schlange bzw. einen Skorpion halten. Sie werden bis zum sechsten Tag im Heiligtum des Richtergottes *Madānu* deponiert, um dort von *Marduk*s Sohn *Nabû* getötet und verbrannt zu werden. *4. Tag*: Am Abend rezitiert der Oberpriester das «Babylonische Schöpfungsepos» *Enūma eliš*. *5. Tag*: *Marduk*s Heiligtum wird einer rituellen Reinigung unterzogen, dann wird dem Gott ein Mahl serviert. Die Reste werden für den Empfang seines Sohnes *Nabû* bereitgestellt, der in Gestalt seines Kultbildes mit dem Boot aus seiner nahegelegenen Stadt Borsippa anreist. Nun betritt der König *Marduk*s Heiligtum. Der Oberpriester nimmt ihm die Insignien ab (Stab, Meßleine, Wurfholz und Krone) und legt sie vor *Marduk* nieder. Er gibt ihm einen Backenstreich, führt ihn vor das Angesicht *Marduk*s, zieht ihn am Ohr (wohl ein symbolischer Gestus, mit dem er unter Eid gestellt wird) und veranlaßt ihn, sich niederzuwerfen. In demütiger Haltung spricht der König nun ein «negatives Schuldbekenntnis»:

> «Ich habe nicht gesündigt, Herr der Länder,
> nicht war ich nachlässig gegen Deine Göttlichkeit.
> Ich habe das Esaĝil nicht wanken lassen,
> nicht habe ich seine Riten vergessen.
> Ich habe nicht geschlagen die Wange der *kidinnu* (eine Art Aristokratie) (...),
> ich habe sie nicht erniedrigt.
> Ich kümmerte mich um Babel,
> nicht zerstörte ich seine Stadtmauer.»

Marduk antwortet durch den Priester und sagt dem König Segen und Hilfe zu. Der König erhält nun seine Insignien zurück, doch der Priester schlägt ihn ein zweites Mal auf die Wange. Vergießt er Tränen, so bedeutet es den Segen, andernfalls aber den Zorn des Gottes. Nach Sonnenuntergang wird im Tempelhof ein Feuer aus Schilf entfacht und ein weißer Stier geopfert. *6. Tag*: Der Tags zuvor aus Borsippa eingetroffene *Nabû* tötet die beiden im Heiligtum des *Madānu* deponierten Figuren, und sie werden verbrannt. *7. Tag*: Die Kultbilder *Marduk*s, seines Hofstaates sowie der von auswärts eingetroffenen Gottheiten werden unter Rezitationen und Riten eingekleidet. *8. Tag*: Es findet eine erste Götterversammlung im Tempelhof statt, bei der *Marduk* «die Schicksale entscheidet». Daraufhin werden die Tore geöffnet, und die Götter brechen in feierlicher Prozession zum *akiti*-Haus außerhalb der Stadt auf. Außerhalb des Tempels absolviert der König ein Ritual, das Brandopfer von Schafen und Ziegen, einen rituellen Lauf und das Öffnen eines bestimmten Gefäßes umfaßt. Der König wird von *Marduk* und *Zarpanītu* gesegnet, Kultschauspieler (*kurgarrû*) führen eine Schlacht auf – vermutlich *Marduk*s Kampf gegen *Tiāmat*. An mehreren Stationen der teilweise auf Booten zurückgelegten Strecke finden Riten und Gebete statt. *8.–11. Tag*: Nach der feierlichen Installation verweilen die Gottheiten im *akiti*-Haus, es finden Opfer statt. *11. Tag*: Die Götter kehren nach Babylon zurück. In *Marduk*s Tempel findet die zweite Götterversammlung statt; auch im Mythos ist *Marduk*s Kampf gegen *Tiāmat* von zwei Götterversammlungen umrahmt: Die erste beschließt seine Entsendung und verspricht ihm für den Fall des Siegs das Königtum, in der zweiten wird der Sieg verkündet und *Marduk* zum König proklamiert. Der letzte Teil des Festes ist noch nicht ganz geklärt. Wahrscheinlich gehörte dazu die «Heilige Hochzeit» von *Marduk* und *Zarpanītu* sowie die Verabschiedung und Heimkehr der auswärtigen Gottheiten. Aus der kurzen Skizze des Festverlaufs sind einige Grundzüge zu ersehen, die auch für andere Feste gelten: Wir haben es mit einem historisch gewachsenen, komplexen Ritual zu tun, das mythologisch fundiert ist und den zugrundeliegenden Mythos aktualisiert. Seinem Inhalt entsprechend, sind die Hauptmotive in der rituellen Erneuerung der Schöpfung und des Königtums zu erkennen. Auch beim babylonischen *akiti*-Fest im Herbst stand die Erneuerung des Königtums im Mittelpunkt: Nachdem der König sich in den ersten Tagen des Monats *Tašrītu* im Palast Reinigungsriten unterzogen hatte, begab er sich in Begleitung von Priestern am Abend des 7. Tages in einen aus Rohr erbauten Ritualkomplex außerhalb der Stadt, dem *bīt salā' mê* «Haus des Wassersprengens». Dort mußte er seine Insignien ablegen, die von den Priestern rituell gereinigt und gesegnet wurden. In einer Art Gefängnis erwartete er den Ausgang einer Gerichtsverhandlung unter Vorsitz des Sonnengottes *Šamaš*. Frühmorgens durfte er seine Insignien wieder anlegen und wurde vom Sonnengott in seinem Amt bestätigt.

Über die assyrischen Feierlichkeiten zum Jahreswechsel sind wir weniger detailliert unterrichtet als über die babylonischen. Sie begannen bereits im XI. Monat, *Assur* besuchte zunächst u. a. den Tempel des *Dagan*, zu Beginn des neuen Jahres stand dann ein mehrtätiger Aufenthalt von *Assur* und *Mullissu* im *akiti*-Haus auf dem Programm (das nach babylonischem Vorbild erst von Sanherib errichtet worden war), bei dem ihre «Heilige Hochzeit» begangen wurde.

Werfen wir schließlich noch einen Blick auf außerhalb Mesopotamiens gelegene Regionen. Sehr lange und aufwendige Festrituale hatten die hethitischen Könige der Großreichszeit (ca. 1350–1200) zu absolvieren. Das im Frühling gefeierte, nach einer Pflanze (Krokus?) benannte *ANTAḪŠUM*-Fest und sein herbstliches Pendant, das *nuntarriyašḫa*-Fest (Fest der «Eile»), bestanden jeweils aus einer 30 bis 40 Tage dauernden Rundreise, in deren Verlauf der König zahlreiche Orte und Heiligtümer des Reiches besuchte. Namengebend für letzteres war entweder die Eile, mit der der König reisen mußte, oder ein am 2. Tag stattfindender Wettlauf (Wettläufe sind allerdings auch bei anderen hethitischen und mesopotamischen Festen bezeugt). Beide Feste wurden offenbar konstruiert, um wichtige Lokalkulte in den Staatskult zu integrieren. In das *ANTAḪŠUM*-Fest wurden Teile des älteren *purulli*-Festes übernommen. Weitere bedeutende Feste des hethitischen Staatskultes waren das *KILAM*- und das *(h)išuwa*-Fest. Ersteres ist nach dem beim Tor gelegenen «Markt» von Ḫattuša benannt, wo sich eines der Rituale abspielte. An die dreitägen Riten in der Hauptstadt schlossen sich Aufenthalte in den Kultstädten Arinna und Zippalanda an. Ein Hauptmotiv ist in dem komplexen, bislang nur etwa zur Hälfte rekonstruierbaren Festgeschehen schwer auszumachen, was wohl auch daran liegt, daß es das Ergebnis eines längeren Entwicklungsprozesses ist. Das *(ḫ)išuwa*-Fest wurde von Puduḫepa, der Gemahlin des Königs Ḫattušili III., zu Ehren des Wettergottes und für das Wohlergehen des Königs gestiftet; sie hatte einen Oberschreiber namens Walwaziti beauftragt, für diesen Zweck geeignete Rituale aus ihrer Heimat Kizzuwatna (Kilikien) zusammenzustellen. Das schon erwähnte *purulli*-Fest geht wie auch das *KILAM*-Fest und andere auf hattische Traditionen zurück. Während des Festes wurde der Mythos vom Wettergott und dem Meeresungeheuer *Illujanka* rezitiert, aus dessen Gewalt der Gott sich durch List befreien konnte. Möglicherweise war auch der in verschiedenen Fassungen überlieferte Mythos vom Verschwinden und Wiederauffinden des Vegetationsgottes *Telepinu* einbezogen. Hauptmotive sind die Wiederkehr der Vegetation im Frühling und – in Analogie dazu – die Erneuerung des Königtums. Das *purulli*-Fest ist jedoch nicht einfach als <u>das</u> hethitische Neujahrsfest anzusprechen. Abgesehen davon, daß es nirgends so bezeichnet wird, spricht dagegen, daß das *purulli*-Fest in einem Turnus von mehreren (7 oder 9?) Jahren stattfand. Parallelen dazu findet man im syrischen Emar, wo im 14./13. Jh. alle sieben Jahre ein *zukru* genanntes Fest gefeiert wurde, und vielleicht auch in Ugarit: Am Ende des ugar. «*Baal*-Zyklus» ist in Zusammenhang mit *Baal*s Sieg über den Todesgott *Mōt* von einem «siebten Jahr» die Rede – der Kontext ist allerdings lückenhaft, und die Angabe vielleicht nicht wörtlich zu verstehen, sondern nur als poetischer Ausdruck für einen längeren Zeitraum. Ähnliche Mythen- und Kulttraditionen könnten noch die Siebenjahreszyklen des Alten Testaments reflektieren: die sieben guten und die sieben schlechten Jahre, die dem Pharao durch die von Joseph gedeuteten Träumen angezeigt werden (Genesis 41,1–36), vor allem aber das «Sabbat-Jahr» (d. h. jedes 7. Jahr) und seine siebenfache Steigerung, das (im Deutschen zu «Jubeljahr» verballhornte) «Jobel-Jahr», für die Levitikus 25 besondere landwirtschaftliche und soziale Observanzen vorschreibt.

Die Beziehung des ugaritischen «*Baal*-Zyklus» zum ugaritischen Kultkalender und zum Neujahrsfest wurde kontrovers diskutiert. Sicher ist jedenfalls, daß in den Regenbaugebieten Kanaans und Nordsyriens die Ernte, insbesondere die Weinlese, und der nach der Sommerdürre wieder einsetzende Regen den Höhepunkt des agrarischen und kultischen Jahres darstellten, weshalb sie wohl in der Regel den Jahreswechsel markierten. Dies spiegelt noch der jüdische Kalender wider: In den 7. Monat (*Tišrî*) des aus Babylonien übernommenen Kalenders, den Monat des Herbstäquinoktiums, fallen Neujahr (*rōš ha-šānāh*), Versöhnungstag (*yōm kippūr*, 10. 7.) und Laubhüttenfest (*sukkōt*, 15.–21. 7.). Letzteres wurde laut Deuteronomium 16,13 nach der Weinlese gefeiert. Ein Licht auf seine Ursprünge wirft vielleicht ein ugaritischer Ritualtext, der die Opfer und Riten im Weinlesemonat *ra᾽šu yēni* «Haupt/Anfang des Weines» zum Gegenstand hat: In der Nacht zum 1. Tag des Folgemonats opfert der König auf dem Dach, wo zweimal vier «Wohnstätten aus abgeschnittenen Zweigen» errichtet sind. Aus ugar. Quellen erfahren wir auch Konkretes über eine im Alten Testament (Jeremias 16,5 und Amos 6,7) unter der Bezeichnung *marzēaḥ* erwähnte Institution: Es handelte sich um Festgelage, die nach Ausweis einer Stiftungsurkunde von privaten, den griech. *thíasoi* vergleichbaren Vereinen ausgerichtet wurden. In Emar war nach ihnen ein Monat *Marzaḫāni* benannt, was auf einen saisonalen kultischen Hintergrund schließen läßt.

Humor und Parodie. Abschließend sei auf einen weniger beachteten Aspekt der altorientalischen Religionsgeschichte hingewiesen, nämlich den humoristischen. Zum Personal der meisten Feste gehörten allerlei burleske Gestalten, deren Titel wir nur ungenau verstehen und wiedergeben können wie z. B. der *kurĝarra* und der *galaturra*, die *Enki* in «*Inanna*s Gang zur Unterwelt» aus dem Schmutz seiner Fingernägel erschafft, oder der *alusinnu* «Spaßmacher». Aus seinem Repertoire ist ein Text überliefert, in dem bewußt Gottheiten und ihre Kultorte vertauscht sind. Ein witziger Passus, aus dem man vielleicht auch einen religionskritischen Unterton heraushören darf, findet sich im «Pessimistischen Dialog». Dieser besteht aus 10 Abschnitten, die demselben Schema folgen: Der Herr äußert seinem Sklaven gegenüber eine Absicht, der dieser pflichtschuldigst zustimmt, und verwirft sie dann, was vom Sklaven ebenfalls beifällig kommentiert wird. Im siebten Abschnitt heißt es:

> Sogleich hilf mir aufstehen und gib mir Wasser für meine Hände, damit ich meinem Gott ein Opfer bereite!» – «Bereite, mein Herr, bereite! Ein Mann, der seinem Gott ein Opfer bereitet, wird zufriedengestellt und erhält Darlehen auf Darlehen!» – «Nein, Sklave, ich werde meinem Gott kein Opfer bereiten!» – «Bereite nicht, mein Herr, bereite nicht! Du wirst (sonst?) deinen Gott lehren, wie ein Hund hinter dir herzulaufen, sei es, daß er dich um Riten oder einen *Latarak* (gemeint ist ein zu rituellen Zwecken verwendetes Tonfigürchen dieses Gottes) oder sonst etwas bittet!»

Abb. 1: Götterembleme auf einem Kudurru (um 1100)

Abb. 2: Kultvase aus Uruk (um 3000) Priesterin vor zwei «Schilfringbündeln» (Embleme der Inanna), Gabenbringer.

Abb. 3: «Einführungsszene» auf Rollsiegel (um 2100): Göttinnen (mit «Hörnerkrone») führen Beter vor den Mondgott.

Abb. 4: Bronzeplastik aus Susa von einem morgendlichen Tempelritual (ca. 1130 v. Chr.).

Genealogische Übersicht über die Hauptgestalten des mesopotamischen Pantheon

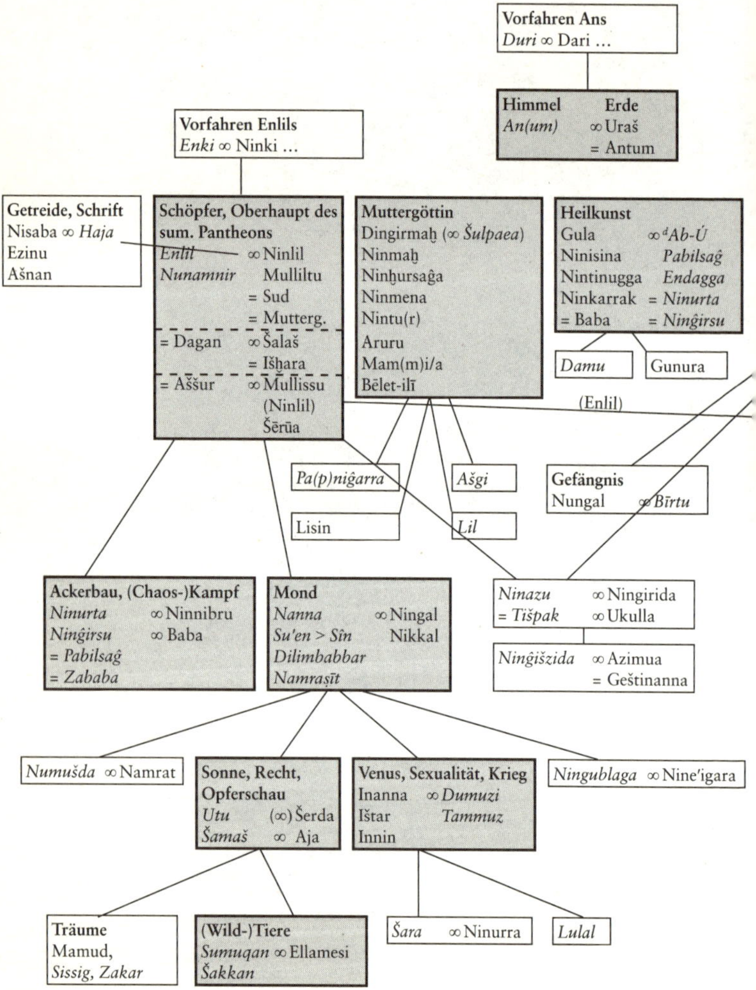

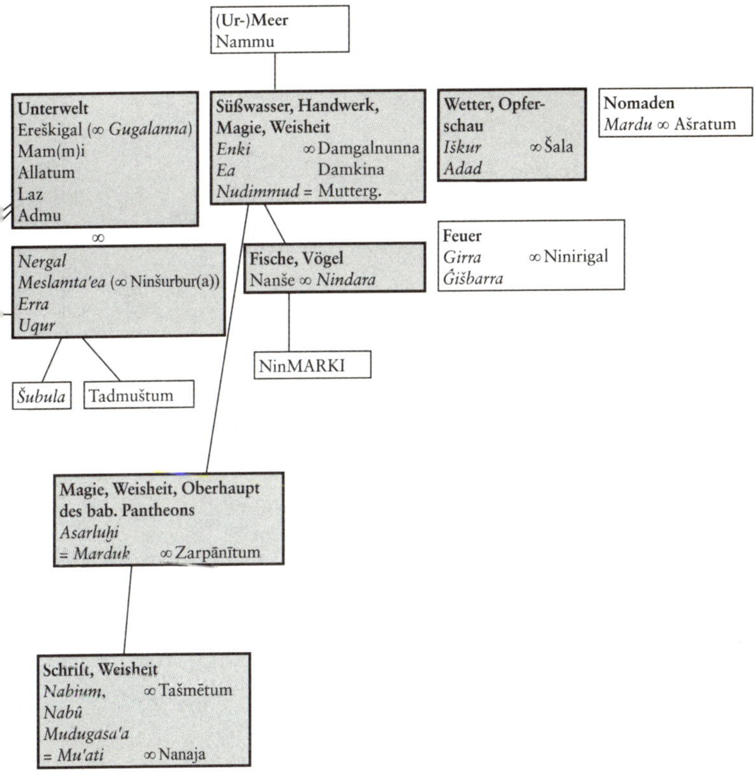

Normalsatz: weiblich. Kursivsatz: männlich. Der bedeutendere Partner von Paaren steht links. Die bedeutendsten Gottheiten (mit Partner) sind fett gerahmt. Gleichbedeutende Namen stehen untereinander. Rezentere Gleichsetzungen sind durch «=» gekennzeichnet (Bezug vertikal!).

Chronologische Übersicht

	Alter Orient		Ägypten
3300	*Späte Uruk-Zeit*	Archaische Texte	Schriftfunde vom Königsfriedhof in Abydos
		aus Uruk	
	Ğemdet Naṣr-Zeit	und **Ğemdet Naṣr**	
3000			1. Dynastie
	Frühdynastische Zeit		
			2. Dynastie
			Altes Reich
		Archaische Texte aus Ur	3. Dynastie
			4. Dynastie
		Archive von **Šuruppag** und **Abū Ṣalābīḫ**	
			Cheops
2500		**Königsfriedhof von Ur**	
	I. Dynastie von Lagaš		5. Dynastie
	Reich von Akkade	Archive von **Ebla** (Syrien)	6. Dynastie
	Sargon ca. 2340		
	Narām-Sîn		
	Gutäer		**1. Zwischenzeit**
	Reich der III. Dynastie von Ur		
	Šulgi		**Mittleres Reich**
2000	**Dynastien von Isin, Larsa, Ešnunna, …**		12. Dynastie
		Obermesopotamisches Reich (Mari)	*Sestostris I.*
	I. Dynastie von Babylon	*Jaḫdunlīm* v. Mari	
		Šamšī-Addu I. v. Assur	
	Ḫammurapi 1792–1750	*Zimrīlīm* v. Mari	**2. Zwischenzeit**
			Hyksos
		Hethiterreich	**Neues Reich**
		Ḫattušili I.	18. Dynastie
		Muršili I.	*Thutmosis I.*

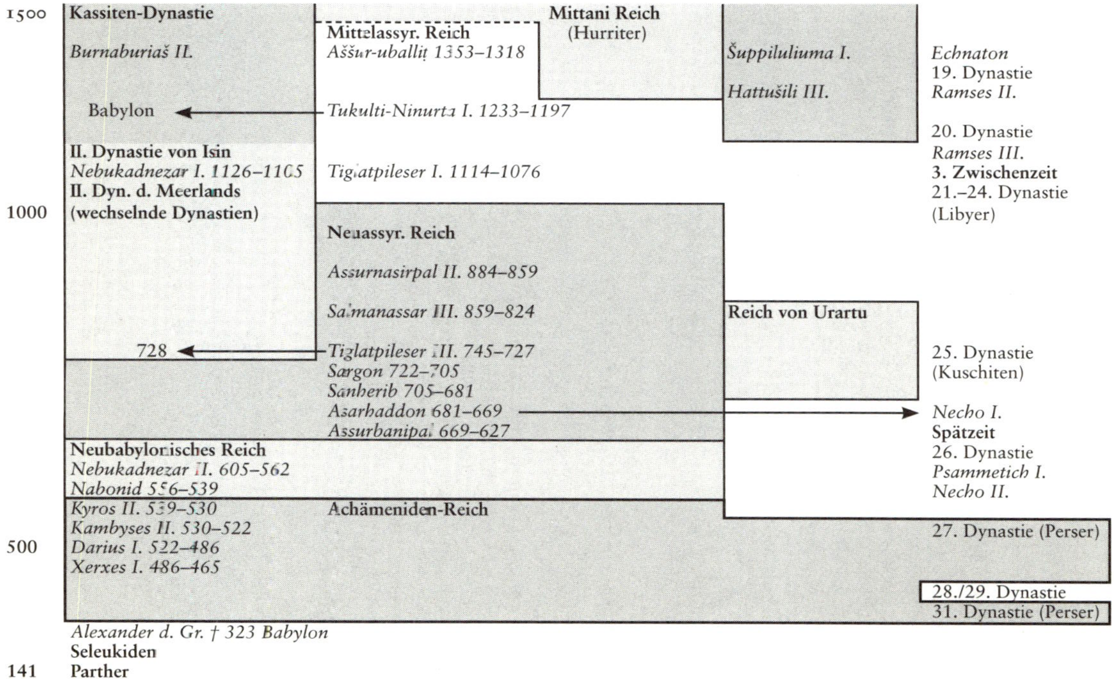
1500
Kassiten-Dynastie
Burnaburiaš II.
Babylon
II. Dynastie von Isin
Nebukadnezar I. 1126–1105
II. Dyn. d. Meerlands
(wechselnde Dynastien)
1000
728
Mittelassyr. Reich
Aššur-uballiṭ 1353–1318
Tukulti-Ninurta I. 1233–1197
Tiglatpileser I. 1114–1076
Mittani Reich
(Hurriter)
Šuppiluliuma I.
Hattušili III.
Echnaton
19. Dynastie
Ramses II.
20. Dynastie
Ramses III.
3. Zwischenzeit
21.–24. Dynastie
(Libyer)
Neuassyr. Reich
Assurnasirpal II. 884–859
Salmanassar III. 859–824
Tiglatpileser III. 745–727
Sargon 722–705
Sanherib 705–681
Asarhaddon 681–669
Assurbanipal 669–627
Reich von Urartu
25. Dynastie
(Kuschiten)
Necho I.
Spätzeit
26. Dynastie
Psammetich I.
Necho II.
Neubabylonisches Reich
Nebukadnezar II. 605–562
Nabonid 556–539
Kyros II. 539–530
Kambyses II. 530–522
Darius I. 522–486
Xerxes I. 486–465
Achämeniden-Reich
500
27. Dynastie (Perser)
28./29. Dynastie
31. Dynastie (Perser)
Alexander d. Gr. † 323 Babylon
Seleukiden
141
Parther

Bibliographische Hinweise

Nachschlagewerke

Reallexikon der Assyriologie und Vorderasiatischen Archäologie, herausgegeben von M. P. Streck (ab Bd. 11), Berlin 1932 ff. Reicht aktuell bis Band 12, Buchstabe «S». Die ersten Bände sind z. T. veraltet. Behandelt zahlreiche Gottheiten in Einzelartikeln, weitere wichtige Artikel sind z. B. «Gott», «Hofstaat», «Mythologie», «Omen», «Opfer», «Religion».

J. Black & A. Green, *Gods, Demons and Symbols of Ancient Mesopotamia*, London 1992.

A. George, *House Most High*. The Temples of Ancient Mesopotamia, Mesopotamian Civilizations 5, Winona Lake 1993.

W. Haussig (Hg.), unter Mitarbeit von D. O. Edzard, W. Helck, M. Höfner, M. H. Pope, W. Röllig und E. von Schuler, *Götter und Mythen im Vorderen Orient*, Wörterbuch der Mythologie I,1, Stuttgart ^{2}1983.

Übersetzungen altorientalischer Texte

B. Foster, *Before the Muses*. An Anthology of Akkadian Literature, Bethesda ^{3}2005.

H. A. Hoffner, Jr., *Hittite Myths*, Atlanta ^{2}1998.

Texte aus der Umwelt des Alten Testaments (TUAT) herausgegeben von O. Kaiser, Gütersloh 1982–2001 (Ergänzungsband).

Texte aus der Umwelt des Alten Testaments. Neue Folge, herausgegeben von B. Janowski und D. Schwemer, derzeit bis Band 5 (2010).

The Electronic Corpus of Sumerian Literature: http://etcsl.orinst.ox. ac.uk

Französische Übersetzungen sum. Mythen: pascal.attinger@iaw.unibe.ch

Dt. Übersetzungen heth. Mythen: www.hethport.uni-wuerzburg.de/HPM/txthetlink.php

Neuere Gesamtdarstellungen

B. Groneberg, *Die Götter des Zweistromlandes*, Düsseldorf/Zürich 2004.

V. Haas & H. Koch, *Religionen des Alten Orients*. Hethiter und Iran, Grundrisse zum Alten Testament I, 1, Göttingen 2011.

P. Taracha, *Religions of Second Millennium Anatolia*, Wiesbaden 2009.

Kultkalender

M. E. Cohen, *The Cultic Calendars of the Ancient Near East*, Bethesda 1993.

W. Sallaberger, *Der kultische Kalender der Ur III-Zeit*, Untersuchungen zur Assyriologie und Vorderasiatischen Archäologie 7, Berlin/New York 1993.